Relinking with the world

爱上北外滩 · 睁眼看世界

熊月之 主编

赴苏

Study in Russia

杨雄威 著

上海人民出版社 学林出版社

本书获虹口区宣传文化事业专项资金扶持

编纂委员会

主　任

吴　强　陈筱洁

主　编

熊月之

委　员

苏　丽　冯谷兰（执行）　季建智　吴　斌　金一超

撰　稿

杨雄威

策　划

虹口区地方志办公室

序言

一部中国近代留学史，大半部与上海有关。近现代中国的留学生无论是留学欧洲，还是美国、日本、苏俄，大多数从上海出发。无论是出国学习自然科学、人文社会科学还是工程技术、管理科学，归国后很多留在上海发展。上海成为与留学文化高度关联的城市。近代上海虹口，为上海国际客运码头集中地、外国领事馆相对集中地，也是很多留学生归国的创业园，因此成为上海各城区中与留学文化关联度很高的地区。从留学与城市关系的角度，剖析近代上海特别是虹口的文化底蕴，对于解读上海的城市精神、城市品格，具有特别的价值。

一

见贤思齐是人类文明演进的积极因素。留学是见贤思齐的有效路径，是不同文化之间进行交流的普遍现象，无论在东方西方，均历史悠久，内涵丰富。古希腊时期，巴尔干半岛的雅典学院，就以其灿烂的文化，吸引了邻近的亚平宁半岛与小亚细亚半岛的青年学子前来留学。那以后，古罗马时期、中世纪时期与文艺复兴时期，留学一直是欧洲普遍现象，亚历山大、君士坦丁堡、罗马、巴黎等城市，都曾是重要的留学目的地。在东亚，魏晋以后、中唐以前，因佛教东传，中国西行印度求法的僧人，络绎不绝，至少有190人，东晋法显与唐代玄奘是其中翘楚。隋唐时期，日本学生多次随遣唐使来到中国，留在中国，学习中国文化与佛学，有的历时达二三十年。宋元时期延续了这一传统。到了近代，随着全球化速度持续提升，留学运动以更大的规模、更高的频率在全世界范围内展开，日益成为国际文化交流的常态，但若论规模之宏大、人数之众多、地域之广泛、影响之深远，则以中国为最。

近代中国留学以目的地而论，可分美国、日本、苏俄与欧洲国家。以路径而论，可分政府主导与民间主导两大类，政府主导包括官派公费、庚款留学等；民间主导包括私人自费、教会资助、企业或富者资助、党派组织、勤工俭学等。以时段而论，可分洋务运动时期、清末时期、民国初期与五四运动以后。

近代中国第一波留学高潮是在洋务运动时期。清政府接连在两次鸦片战争中惨遭失败，被迫对外开放通商口岸，被迫同意外国使臣驻京，被迫卷入世界资本主义秩序，被迫走上学习西方的自强道路，包括开办同文馆、向外国派出使臣、仿造坚船利炮、兴办近代企业等。与此相适应，陆续向美国与欧洲国家派遣留学生。1872年至1875年,由容闳倡议,得曾国藩、李鸿章鼎力支持,清政府先后派出四批共120名幼童赴美国留学。这是清政府首次官派如此多学生留美。1876年,李鸿章奏准由福建船厂学生及艺徒30名赴英、法两国,学习制造与驾驶,正式开始中国官派留学欧洲的历史。1881年,李鸿章又奏准一些船厂学生赴英、法学习。

近代中国第二波留学高潮,始于甲午战争失败以后,到辛亥革命以前。清政府在甲午战争中被蕞尔岛国日本打败,举国震惊,单学船炮以强国的迷梦至此破灭。研究日本、学习日本的热潮由此兴起。日本明治维新成功的一条重要经验,便是向欧美大量派遣留学生。日本与中国,一衣带水,情势相类,风俗相近,路近费省,于是,向日本派遣留学生成为朝野共识。1896年,清政府向日本派遣首批留学生13名,各省地方政府也陆续派遣学生赴日,到1899年,已有200余人。庚子事变后,清政府广开新政,奖励工商,废除科举,鼓励留日,并宣示预备立宪,各种官派留日、自费留日风起云涌,1903年达1000人,1906年高达7000—8000人。此后,鉴于留日学生中留而不学、鱼龙混杂等问题,中日两国政府联手对留学资格、招生学校做了限制,留日势头有所遏抑。即使如此,到1909年,中国留日学生仍有3000多人。估计清末十余年间,中国留日学生总数在2万人以上。[1]民国成立以后,特别是1913年"二次革命"爆发以后,由于多种因素的综合作用,中国学生留日再掀高潮,1914年有

5000多人。据估算，北洋政府时期，中国留日人数在2万人左右，仍居各国留学人数之首。[2]

近代中国第三波留学高潮，是清末与民国时期留学美国与欧洲国家，延续时间较长。鉴于大批中国学生留日，美国感到必须与日本争夺中国留学资源，以扩大美国对中国的文化影响。1908年，美国国会通过议案，决定将其超过侵华战争实际损失的一千多万美元的庚子赔款退还给中国，作为中国向美国派遣留学生的经费。翌年，清政府成立游美学务处，主管考选学生、建设学堂，选任游美学生监督及内外各处往来文件等事。1909年、1910年和1911年，游美学务处分三批招考，第一批录取金邦正、梅贻琦等47人，第二批录取赵元任、胡适等70人，第三批录取梅光迪、张福运等63人，三批共180名学生，年龄都在20岁上下。1911年，作为留美预科的清华学堂正式成立（后相继更名为清华学校、国立清华大学）。1912年清朝覆灭，民国建立，革故鼎新，但"庚款留学"继续进行。1925年，中国在美留学生总数达2500人。以后有所起伏，但整体持上扬态势，1949年达3797人[3]，为近代留美人数之巅。

清末民国时期，留欧也较前有很大发展。1900年至1911年，中国向英、法、比等国，相继派遣留学生1001人，其中英国315人，法国107人，德国83人，比利时250人。[4]民国时期，英、法等国效仿美国前车之路，相继与中国订立协定，退还应付赔款。中国政府利用此款，向英、法等国派遣了部分留学生。

近代中国第四波留学高潮，是留法勤工俭学。出洋留学，费用昂贵，并非普通家庭所能承担。考取官费留学者，绝少出自普通家庭，且大多出自江浙等地富庶人家。鉴此，清末民初，李石曾、蔡元培等留欧先行人士，发起组织留法俭学会，鼓励国内青年赴法勤工俭学，一边打工，一边求学。法国政府对此热诚欢迎，予以配合。从 1919 年 3 月 17 日第一批 89 名启程离沪，到 1921 年 11 月 13 日 104 名勤工俭学生被遣返回国，前后不到 3 年时间，先后有近 2000 名中国青年抵达法国。他们来自全国 19 个省份，内以四川（472 人）、湖南（356 人）人数最多，包括蔡和森、向警予、邓小平、聂荣臻、陈毅、赵世炎、王若飞等。[5] 以勤工俭学方式出国留学，是中国留学史上一大创举，使留学人选从沿海扩展到内地，从富庶家庭扩展到贫寒子弟，放低了留学门槛，降低了留学成本，也加大了四川、湖南等地进步青年与上海城市的联系。

近代中国第五波留学高潮，是留学苏俄。共产国际高度重视在远东各国培养领导干部。1921 年 4 月，苏俄在莫斯科成立东方劳动者共产主义大学，简称东方大学，设国内班与外国班，外国班分中国班、日本班、朝鲜班、伊朗班等，费用由共产国际承担。1921 年，中国班学生有 36 人，到 1923 年增加到 52 人。这些中国学生主要来自两个方面：一是上海社会主义青年团选送，如刘少奇、任弼时、萧劲光、罗亦农、汪寿华等；一是留法勤工俭学生转道而来，如赵世炎、王若飞、刘伯坚、陈延年、陈乔年、聂荣臻、萧三、李富春、蔡畅等。1924年，国共两党合作成功。1925年，苏联在莫斯科建立中国劳动者孙逸仙大学（简称中山大学），招收中国国民党与中国共产党骨干入学。蒋经国与邓小平等都是中山大学的学生。1927年蒋介石叛变革命后，国民党停止选送学生留苏，中山大学的国民党学生也撤回国内，此后中山大学的学生全为中国共产党所派。1928年，东方大学中国班并入中山大学，中山大学改名为中国共产主义劳动大学，直到1930年秋停办。1925年至1930年，在中山大学和中国共产主义劳动大学留学过的国共两党学生，总计在1300人以上。[6]

与政府选派、政党组织成规模的留学相一致，较为零散的民间留学也很发达。从清初到鸦片战争以前，陆续有零星天主教信徒随传教士西航欧洲，留学教廷所在地梵蒂冈。1645年随传教士赴梵蒂冈的广东香山人郑玛诺，被认为是中国最早留学欧洲的基督教留学生。1645年到1840年，中国赴欧洲的基督教留学生共有96人。[7]鸦片战争以后，这一留学通路仍在延展，特别是与基督新教相关的留学异军突起。1847年，容闳、黄胜、黄宽等3人，随美国传教士鲍留云（一译布朗）赴美留学，开启了基督新教系统学生留美的历史，也开启了近代中国民间留学的历史。随着时间的推移，民间留学规模不断壮大，目的地更为多元，诸如颜永京

1854年随美国传教士赴美，留学美国俄亥俄州建阳学院；舒高第1859年随美国传教士赴美，后获医学博士学位；何启1872年赴英国留学，后获医学硕士学位；辜鸿铭自1873年起先后留学英国、德国，获博士学位；伍廷芳1874年留学英国，后获法学博士学位；宋耀如获教会支持，1881年起，在北卡罗来纳州圣三一学院等多所学校留学。据不完全统计，1861年至1895年，中国民间留学欧美的学生约80人。[8]甲午战争以后，特别是兴办新政以后，民间留学人数急遽增多。以留日学生而论，自费生大体占40%—50%。[9]民国时期，民间留学更胜于前。据1924年《留美学生录》统计，留美1637名学生中，自费为1075人，占总数近三分之二。[10]这些民间留学的费用，有的来自家庭，有的来自教会，有的来自相关学校的奖学金，有的来自具有公益精神的资本家资助。民国时期，有"棉纺大王"之称的资本家穆藕初曾资助罗家伦等5人留学，有"烟草大王"之称的简照南曾连续3年共资助37名学生留学。周恩来留学法国的经费来自南开大学的"范孙奖学金"。

近代中国一波又一波的留学热潮，虽时起时伏，波涛汹涌，但总体上奔流而下，呼啸向前。这是中华民族觉醒的表现，也是中国走向世界的步伐。以两次鸦片战争、甲午战争为重要标志与转折关节点，曾经雄踞世界东方的大清帝国急速地、无可奈何地走向衰落，绵延几千年之久的中国文化，遭遇到西方文化空前猛烈的冲击。日趋深重的民族危机，唤起了一批又一批不甘沉沦的志士仁人的觉醒。他们开眼看世界，学习新知识，寻找新出路，留学就是看世界、学新知、找出路的具体实践。上述五波留学浪潮，恰好与近代中国历史前进的步伐呼应关联，幼童留美、艺徒留欧，对应的是洋务运动；19世纪末20世纪初的留日大潮，对应的是维新与革命，而庚款留学与五四以后留学苏俄，对应的是那个时代的知识精英对于民族前途的新的思考与探索。正如李新先生所概括：

> 一百多年来一浪一浪的留学运动充分地说明：中华民族一部分勇敢、优秀的儿女们，一直在挣脱妄自尊大、闭关锁国的束缚，艰难而又坚决地走向世界！在此意义上，留学运动的发生和留学生群体的崛起，就不仅仅是救亡所能包括，实际上它是中国社会从传统向现代转型嬗变过程中迈出的最初一步，而他们正是一支新兴的、特殊的先导力量。[11]

近代中国留学欧美与日本、苏俄等地的总人数，累计超过10万人[12]，其规模宏大，影响广泛、深邃与久远，均为同时代世界之最。如此众多的留学生，就个体而言，其成就与表现自然千差万别，形态各异，但作为整体，则有鲜明的共同特点。

其一，崇高的爱国精神。他们远离祖国，辛苦治学，学成以后，忠心报国。容闳学成以后，不愿留在美国发展，不愿意当传教士，回国后也不愿做买办，而是不辞辛劳地奔波于实业救国、教育救国的路上，并有力推动晚清官派留学的起步。这是成千上万留学生学成报国的典范。至于李大钊、周恩来、邓小平等一大批共产党人留学报国的事迹，我们早已耳熟能详。

其二，杰出的学术成就。就学科而言，无论是自然科学、人文社会科学、工程技术，还是管理科学，就人才而论，政治、军事、外交、经济、法学、教育、科学、文学、艺术等领域，如果撇开留学生的贡献，撇开留学的影响，都不可思议。1926 年，舒新城便说过：中国高等教育界之人员，“十分之九以上（据民国十四年东南大学、北京师大同学录）为留学生”，民国以来中国学者在地质调查、物理研究方面所取得的为国际学术界承认的成就，全部出自留学生，“高等以上学校之科学教师，更无一非留学生”[13]。1931 年出版的《当代中国名人录》，收录教育界名人 1103 位，其中留学出身的 904 人，占 82%。[14] 1948 年，中央研究院评选全国第一批院士，经反复筛选，最后入选者凡 81 人，其中数理组、人文组各 28 人，生物组 25 人。此 81 人中，接受过留学教育的凡 77 人，占 95%。没有留学经历而入选院士的仅 4 人，全在人文组。[15] 这充分说明留学教育对于中国学术的全局性、决定性影响。

二

近代中国留学史早已成为专门的学问，各种留学通史、专史，包括国别留学史、专业留学史、留学人才史，佳作迭出，目不暇接。这套丛书关注的重点，是以往研究不大关注，或关注较少的领域，即近代留学与上海的关联，特别是与虹口的关联。

梳理近代中国留学史，可以发现一个突出的现象，即相当多的留学生与上海有关联。这种关联有两个方面，一是他们出发与归国的口岸，大多是上海；二是他们留学以前与回国以后，相当多人与上海有关。正是这两个方面的内涵，彰显了上海城市的特点与地位。

近代中国留学海外，绝大多数是从上海出发的，也是经上海归国的。这首先因为，上海很早就成为中国的远洋交通枢纽、远洋客运中心。

上海位于中国南北海岸线的中点，长江东流入海的终点，两点叠加，使得上海航运优势无可比拟。在主要以轮船为国际、国内载客工具的前飞机时代，上海正好处于内河航运与海洋航运两大网络的连接点上。

内河航运方面，1860 年以后，西方列强通过《天津条约》与《北京条约》等不平等条约，强迫中国开放长江及沿江城市，包括汉口、九江、南京与镇江 4 个沿江城市。据此，外国军舰、商船可以驶入长江和各通商口岸。1876 年，英国借口马嘉理事件,逼迫清政府签订中英《烟台条约》,规定将宜昌、芜湖等增添为通商口岸,大通等众多城市为外轮停泊码头,安庆、沙市等成了准通商口岸。1890 年中英签订《烟台条约续增专条》,将重庆添列为通商口岸。1895 年签订的中日《马关条约》,规定沙市、重庆、苏州、杭州等为通商口岸,日本轮船可以驶从湖北省宜昌溯长江以至四川省重庆府,从上海驶进吴淞江及运河以至苏州府、杭州府,附搭行客、装运货物。到 19 世纪末,从上海到重庆已全线通航轮船,长江成为全国最为繁忙的运输通道。内河轮船航运网络的形成,极大地便利了长江流域有志留学的青年向上海流动。

远洋航运方面,上海位于那些往来于北美西海岸和日本、中国、东南亚之间的轮船所遵循的世界环航线路最近点之西不满一百英里的地方,所有西太平洋主要商业航道,都在那里汇合。中国远洋航线以香港与上海为中心,香港为欧亚航运中心,上海为东亚与中国海运中心。航行到欧洲、美洲、澳大利亚以及南洋等外洋的轮船,大多数经过香港与上海。进入 20 世纪后,中国的远洋航路,以大连、上海、厦门、香港 4 个口岸为据点,上海适居中心位置。就航运距离而论,上海到西欧与美国东部港口,大约相等。上海处于远东航运的焦点位置和大西洋欧洲与美洲的中间位置,航运区位优势显著。

鸦片战争以后,西方列强抢先开通了到上海的远洋航线。1844 年,有 44 艘次外国商船进入上海港。1845 年,美国商船驶入上海港,将美国至横滨的航线延伸至上海。1849年,进入上海港的外国商船达133艘次。1850年,大英轮船公司开辟香港至上海的航线。此后,法国、德国、日本等国商船也都开辟了至上海的远洋或近洋航线。此后,航线越来越密集,航班越来越多。1873年,中国第一家轮船航运企业轮船招商局在上海成立,派船航行日本、美国、东南亚和西欧等地,运货载客。到20世纪20年代,上海已成为世界级著名客运港口,从上海直达伦敦、马赛、汉堡、新加坡、旧金山、西雅图、温哥华、檀香山、神户等的航线,都有定期客轮,且每条航线都有好几家轮船公司经营,相互竞争。

与航线发达、航班众多相适应,上海港码头建设不断发展。到1870年,虹口境内黄浦江岸建有汇源、怡和、旗记、伯维船坞、顺泰、海津关、同孚、虹口、耶松船坞、耶松船厂、宝顺、仁记等十几个外商码头和船厂。到20世纪初,上海港已有5个码头可以停靠国际客船,分别是公和祥码头、太古码头、日本邮船会社三菱码头、亨宝洋行码头与宝隆洋行码头,虹口沿黄浦江地带已是上海最为繁忙的外洋客运中心。

出国留学是一项牵涉面众多的复杂工程,除了轮船、码头等硬件设施,还有管理、服务等许多软件需求,特别是留学预备工作,如出国前的培训、出国手续办理、服装置办与信息咨询等,都对离岸城市有所要求。近代上海在这些方面都在国内领先。

先看最早的留美幼童出国前的准备。1872—1875年,清政府分四批共派120名幼童留学美国。这些幼童就籍贯而言，广东籍84人，占70%；其余是江苏籍21人，浙江、安徽、福建、山东籍各有1到8人不等，广东籍占了三分之二以上。如果从航行距离考虑，从香港出发最合理，其时香港已有通往美国的航线。但是，这四批学生，不是从香港出发的，而是从上海出发的，原因在于，留学不同于简单的跨国旅行，不是买了船票、提了行李即可登船出发的，事先要有出国培训，包括中英文强化训练、官府训话、外国礼仪须知等教育。为此，清政府在上海设立西学局，建立出洋预备学校，聘请专门教师，负责此事。出国前培训，相当严格。相关章程规定：无事不准出门游荡，擅行私出三次者即除名撤退，争闹喧哗、不守学规、慢视教令、屡戒不改者，亦予以除名。学校规定："夏令时五六点钟起上生书一首，八点钟用点心，写字一纸，请先生讲书。十二点钟午饭。一点钟至三点钟温理熟书，文义不明者质疑问难。四五六点钟习学外国语言文字。九点钟寝息。""冬令时七点钟至九点钟课中国书籍或课古文字一篇，讲先哲格言数则。"[16]一位幼童回忆当年在预备学校学习的情景："他们没有网球、足球及篮球，也没有这么多假日。那时只有中国阴历年、五月端午节及八月中秋节放假。故在学校读书时间多，而游戏时间少。学校监督是一位'暴君'，他力主体罚，而且严格执行。但多少年后，幼童们仍然怀念他，他们恐惧他手上的竹板，但是他强迫大家读写中文，在幼童回国后，都能致用不误。"[17]显然，要一届又一届地连续几年实施这样的出国前培训教育，对离岸城市的师资质量、管理能力等是一项很高的要求，其时中国沿海城市只有上海能够具备。

出国培训这类工作，不光官派留学需要，有些民间自费留学也同样需要。邹容在1901年秋，自四川赴日本自费留学，便是先在上海停留，进入江南制造局附设的广方言馆补习日语，然后再去日本。那时，上海外语培训班多如米铺，英、日、法语均有，日后又增添了俄语，以英语为多，日校、夜校均有，费用也不贵，很多人都是先在外语培训班打下一定外语基础以后，再出国留学的。最典型的是穆藕初，他赴美国留学时已经34岁，此前的英文基础，都是在外语培训班打下的。

上海远洋航线多，经营公司多，航班多，适应不同层次、不同服务需求，不同价格的舱位也多，这给旅客和留学人员提供了很大的选择空间。对于大批自费留学的人来说，上海更是比较理想的离岸港。

清末民初，很多出国手续是在上海办理的，上海有很多为留学服务的专门机构。比如，留学美国的护照，晚清时由上海道台衙门办理。申请护照，大约出发前一个月，可以前往办理，其他地方的省级海关衙门也可申请，但不如上海方便。申请护照的费用，自墨洋10元至24元不等，无一定价格，如能找到署内熟人，还可便宜一些，最便宜的只需不到6元。领取护照以前，需改换西装，上海西装店很多；需附近照3张,上海照相馆也很多。申请到美国签证的地方,在上海虹口黄浦路36号,费用为2.4元墨洋。购买到美国的船票也有讲究,清末上海只有协隆洋行一家经理,地址在外滩花旗银行隔壁,需事先选好船期与舱位。到旧金山的票价,一等舱45英镑;特别三等舱,20英镑;三等舱,10英镑。如果近期有传染病流行,申请人还须经美国在沪的专门医生检疫,给予无传染病的凭单,方可成行。此美国在沪医生,住在外白渡桥桥堍四川路49号。至于出国所需备的各种用品,包括衬衣、皮鞋、领带、帽子、毛巾、剃刀之类,南京路近泥城桥有几家专门商店,可供选购,相当方便。[18] 尤其需要注意的是,轮船启航前几天,要不时地打听开船准确信息,有时因为要避开台风影响,轮船会延期启航。这样,启航前便可能要在上海多逗留一些时间。这都加大了出国准备工作的难度。

至于赴法勤工俭学,准备工作难度更高,那是自费与组织相结合,即经费由各人自己负担,但由华法教育会在各地的分会具体组织,包括报名、签证、联系船票等事宜。赴法勤工俭学的学生,籍贯以四川与湖南二省最多,都是先从家乡到成都、长沙等各自省会集中,然后汇聚上海,一起出发。从上海至马赛或巴黎,全程需时要40余天。船上耗时较长,途中生活用品也要有充分的准备。因此,为赴法送行,成为一项重要活动。远洋客运码头所在地虹口一带,因一批又一批赴法勤工俭学生的到来,平添很多来自各地的送行人员,也增加了很多生意。是时，虹口码头附近的客栈，全都生意兴隆，人满为患。一些学校与居民家中，也会住满候船学生与送行亲友。每逢各地大批赴法学生来沪，或者每一批留学生乘船出发，上海各界特别是各地寓沪同乡组织，都要举行隆重的欢迎会或者送别会。留学生在黄浦码头登轮起航时，码头上都会车马纷纭，送行者络绎于道，蔚为壮观。

20世纪20年代留学苏俄的中共党员、青年团员，很多人本来就在上海工作或生活，在上海外国语学社学习俄语，接受无产阶级革命基本知识教育，目标就是留学苏俄。比如，湖南籍的罗亦农，便在1919年来上海谋生，在法租界一家报馆当校对工，后来与陈独秀发生联系，进入上海外国语学社。这些学员主要来自湖南、安徽、浙江三省，都是长江流域的省份，而上海一向是这些地方人远赴海外的口岸城市。

民国时期，上海外国领事馆众多，也是上海留学文化发达的原因之一，因为领事馆是留学签证的机构。其时，留学主要目的地国家，美、英、法、德、比、日、苏俄，在上海都设有总领事馆。虹口及其附近地区，外国领事馆尤其集中，美国、日本、俄国驻沪总领事馆，都在黄浦路；德国、奥地利、荷兰驻沪总领事馆，都在或一度设在四川路。

三

近代从外国留学归来的知识分子，无论是自然科学、人文社会科学，还是工程技术、管理科学，相当部分选择定居上海，在上海谋求发展。

我们无法确知，究竟有多少留学生回国以后，留在上海发展他们的事业，但可以断言的是，这个数量一定相当可观，比例一定很高。

且以法律方面的留学人才为例。[19] 据研究，自 20 世纪 20 年代至 20 世纪 30 年代末，先后在上海工作或生活的归国法学留学生共计 374 人，其中归自东洋的 185 人，归自欧美的 189 人。[20] 他们的工作，包括做律师和在大学任教，有不少人既当律师，也在大学里兼任教授。1936 年，全国有资质进行法政教育的私立大学共 10 所，其中设在上海的有 4 所，即复旦、光华、大夏与沪江。[21] 同年，全国私立法政专门学校凡 7 所，其中设在上海的有 4 所，即上海法学院、上海法政学院、正风学院与中国公学。[22] 由此可见，上海在法学教育方面，在全国几乎占了半壁江山。

在这些法政学校，归国留学生占了绝对优势。1929 年，上海法政学院校董会有 11 人，其中 9 人是归国留学生；有教授 38 人，其中 22 人有留学经历。1933 年，上海法政学院有 57 位教授，有留学经历的为 41 位，没有留学的仅 16 位。1930 年，上海法学院校董会由 24 人组成，其中 18 人有留学经历。1933 年，持志大学法律系学历清晰的 9 位教授中，有 6 人是归国留学生。1949 年以前，复旦大学法学院学历清晰的 28 位教授中，19 位有留学经历。[23]

以上是法学系统的情况，再看一些综合性数据。1929年，大夏大学有54位教授，其中41人有留学经历，包括30位文科，11位理科。同年，中国公学有教员36人，其中25人有留学经历。[24]

从这些并不完整的数据，我们已经可以看出留学生的巨大影响力。再看学术界一些著名人物情况。据邹振环、忻平研究，生活在上海的归国留学生很多，不胜枚举。留法归来的有陈绵、巴金、梁宗岱、黎烈文、李健吾、戴望舒、王力、周太玄、李丹等；留英归来的有陈源、吕叔湘、徐志摩、伍蠡甫等；留美归来的有胡适、穆藕初、赵元任、王造时、罗念生、唐钺、冰心、梁实秋、何炳松、余家菊、潘光旦、李安宅、章益等；留日回来的最多，如张东荪、刘文典、郭沫若、成仿吾、陈望道、李达、李汉俊、陈启修、周佛海、田汉、夏衍、张资平、谢六逸、郁达夫、周昌寿、郑贞文、刘呐鸥、傅子东、王亚南、夏丏尊、楼适夷、穆木天、王学文、杨之华、郑伯奇等；还有不少是双重留学生，如任鸿隽留学日、美，文元模留学日、德，夏元瑮留学美、德，冯承钧留学德、比，焦菊隐留学英、法，杨端六留学英、德。[25]

留学生来源地很多，但那么多人最后选择上海作为其居留地与事业发展地，是上海城市对于留学人才拉力综合作用的结果。

上海在开埠以后，发展很快，外贸方面在1853年以后就超过了广州，成为全国外贸中心。1919年，中国排在前十名的城市依次是：上海、广州、天津、北京、杭州、福州、苏州、重庆、香港、成都。其时，上海城市人口 245 万人，比第 2 名广州（160 万人）多 85 万，比第 3 名天津（90 万人）多 155 万，是第 4 名北京（85 万人）的将近三倍。1935 年，上海已是远东第一大城市、世界第五大城市。1947 年，上海人口 430 万人，排在后面的依次为：天津（171 万人）、北京（163 万人）、广州（140.3 万人）、沈阳（112.1 万人）、南京（108.5 万人）、重庆（100 万人）。[26] 上海人口是排在第二位天津的 2.5 倍，是当时首都南京的 4 倍。民国时期，上海是全国多功能经济中心（贸易、金融、工业、商业、旅游、邮电等）、多领域文化中心（教育、科学、文学、艺术、新闻、出版等），也是中国与外国文化交流的枢纽。如此巨大的经济与文化体量，现代化方面的领先程度，使得上海对于从外国归来的留学人才吸引力巨大。诚如自法国留学归来的、曾翻译都德《娜拉女郎》和司汤达《红与黑》的四川人罗玉君所说："当年离开巴黎时我就想，只要这个世界上有地方放下我的书桌，有地方出版我的译著，有年长的年轻的读者喜欢我的书，珍藏我的书，那地方就是我眷恋的……正因为如此，巴黎留不住我，欧洲留不住我，四川太凋敝也留不住我，留住我的恰恰是上海。"[27]

对于留学生集聚上海的情况，留美归来的梁实秋，在述及民国时期上海文化人才时曾写道："同时有一批批的留学生自海外归来。那时候留学生在海外受几年洋罪之后很少有不回来的，很少人在外国久长居留作学术研究，也很少人耽于物质享受而流连忘返。潘光旦、刘英士、张禹九等都在这时候卜居沪滨。”[28] 难计其数的留学生在学得现代知识以后，返棹还乡，报效祖国，放眼望去，既能发挥所学知识，尽其所学，又能过上与留洋时相差无多的物质生活与精神生活，大概上海最为理想。

虹口是近代上海留学文化极为繁盛的区域。虹口区领导一向高度重视发掘、研究近代上海留学文化，特组织相关学者编写了这套丛书。丛书按留学目的地，分为赴美、赴日、赴欧与赴苏四卷。撰稿人何方昱、翟海涛、严斌林与杨雄威，都是对相关课题素有研究的专业学者。披览丛书，尽管各卷所涉国度不同，时代有异，相关留学生所学科目各有千秋，学生结构各具特色，但丛书有以下 4 个共同的特点：状其概貌，完整概括各卷研究对象的总体形态，包括时代特点、留学规模与社会影响；述其历程，清晰叙述留学各地的酝酿、起步、鼎盛与终止的演变过程，以及相关阶段的特征；析其特质，论述各地留学学生结构、所学内容、留学成就等特点，解释何以如此的社会根源；聚焦上海，突出虹口，不是泛论整个近代中国留学，而是在交代清楚面上概况以后，集中讨论与上海城市特别是与虹口的关联。

如果将四卷合在一起，我们可以清楚地看出，留学美、欧、日与苏俄，都与上海特别是虹口有重要的关联，但各有各的关联，其关联的因素并不完全相同，其影响也各有不同。

如果将宋耀如（留美）、严复（留欧）、鲁迅（留日）、柯庆施（留苏）比较一下，就可以发现他们留学的实践，与上海的关联便很不相同。宋属民间留学，严是官派，鲁迅是考取官费，柯是组织选送。宋、严并不是从上海出发的，但他们归国以后，都与上海城市发生了重要关联。这种关联，有的看上去是自我选择的结果，如鲁迅定居在虹口；有的则明显不是，如宋定居上海，是教会安排的；严在1900年以后自天津移居上海，属形势所迫；柯来上海做市领导，则完全是组织安排。当然，即使看上去是自我选择，深究起来，也还是整个社会发展大势与城市特点在起作用。鲁迅定居上海以前，也曾居留过好几个城市，最后，他没有选择北京、广州或厦门，而是选择上海，这显然是上海特有的城市品格正好与他的需求相匹配。他之所以选择定居虹口，而不是静安寺、法租界或其他地段，也有他自己的考量，其背后仍然与上海不同区域的特点有关。

对于关联的影响，可以想象的空间更大。如果我们深问一下，假如当年宋耀如没有留学美国，没有定居上海，那后果会怎样？后果有无数种可能，其中一种可能是显而易见的，即上海就没有宋氏三姐妹，就没有宋氏三姐妹留美，就没有宋子文等人留美，就没有所谓的宋氏家族，那整个民国史就将重写。如果把此类想象性分析发散开去，比如落实到蔡元培、胡适、章士钊、巴金、刘海粟等人身上，那我们就会看到一个完全不一样的近代上海文化图像。历史考据的结论从来不允许假设,但历史影响的分析从来不排斥假设。当我们沿着这一思路,放飞想象的翅膀,那我们对于留学与近代上海、留学与近代虹口的意义阐释,就会广阔得多、深入得多,也有趣得多。

在这个意义上,可以说,这套书对于梳理、解析近代上海城市精神与城市品格,具有无可替代的重要价值,值得一读再读。

熊月之

2023 年 2 月 18 日

注 释

1. 李喜所主编,刘集林等:《中国留学通史·晚清卷》,广东教育出版社 2010 年版,绪论,第 8 页。
2. 李喜所主编,元青等:《中国留学通史·民国卷》,广东教育出版社 2010 年版,绪论,第 2 页。
3. 王奇生:《中国留学生的历史轨迹》,湖北教育出版社 1992 年版,第 45 页。
4. 李喜所主编,刘集林等:《中国留学通史·晚清卷》,广东教育出版社 2010 年版,第 286 页。
5. 鲜于浩:《留法勤工俭学运动史稿》,巴蜀书社 1994 年版,第 58—63 页。
6. 王奇生:《中国留学生的历史轨迹》,湖北教育出版社 1992 年版,第 80 页。
7. 李喜所主编,刘集林等:《中国留学通史·晚清卷》,广东教育出版社 2010 年版,第 25 页。
8. 李喜所主编,刘集林等:《中国留学通史·晚清卷》,广东教育出版社 2010 年版,第 184—185 页。
9. 李喜所主编,刘集林等:《中国留学通史·晚清卷》,广东教育出版社 2010 年版,第 235 页。
10. 《留美中国学生之调查》,《教育杂志》1925 年第 17 卷 3 期,第 13 页。
11. 李新:《一个有待深入研究的重大课题——“留学生与近代中国研究”之我见》,《徐州师范大学学报(哲学社会科学版)》1995 年第 1 期,第 2 页。
12. 王奇生:《中国留学生的历史轨迹》,湖北教育出版社 1992 年版,前言,第 1 页。
13. 舒新城:《近代中国留学史》,上海文化出版社 1989 年版,第 212—213 页。
14. 朱景坤:《中国近代留学教育与中国高等教育近代化》,《徐州师范大学学报(哲学社会科学版)》2002 年第 3 期,第 41 页。
15. 白云涛:《留学生与中国院士的计量分析》,《徐州师范大学学报(哲学社会科学版)》2004 年第 3 期,第 9—15 页。
16. 《沪局肄业章程》,转引自李喜所主编,刘集林等:《中国留学通史·晚清卷》,广东教育出版社 2010 年版,第 85 页。
17. 温秉忠:《一个留美幼童的回忆》(1923 年 12 月 23 日),[美]高宗鲁译注:《中国幼童留美书信集》,传记文学出版社 1986 年版,第 76 页。

注释

18. 濮登青:《游美灯》,美国留学生编:《美洲留学报告》,作新社1904年版,第83—86页。
19. 袁哲对此有较为细致的研究,详见袁哲:《法学留学生与近代上海(清末—1937年)》,复旦大学博士学位论文,2011年。
20. 袁哲:《法学留学生与近代上海(清末—1937年)》,复旦大学博士学位论文,2011年,第45页。
21. 设在其他城市的有6所,即南开大学(天津)、齐鲁大学(济南)、中华大学(武昌)、厦门大学(厦门)、广东国民大学(广州)与广州大学(广州)。
22. 其他3所设在北平,即中国学院、朝阳学院、北平民国学院。
23. 袁哲:《法学留学生与近代上海(清末—1937年)》,复旦大学博士学位论文,2011年,第77—88页。
24. 袁哲:《法学留学生与近代上海(清末—1937年)》,复旦大学博士学位论文,2011年,第84、88页。
25. 邹振环:《西书中译的名著时代在上海形成的原因及其文化意义》,《复旦学报》1992年第2期,第90页;忻平:《从上海发现历史:现代化进程中的上海人及其社会生活1927—1937(修订版)》,上海大学出版社2009年版,第106页。
26. 何一民:《中国城市史》,武汉大学出版社2012年版,第619—620页。
27. 金平:《上海眷恋》,《文学报》1990年2月15日。
28. 梁实秋:《忆〈新月〉》,《梁实秋散文集　第五卷》,时代文艺出版社2015年版,第248页。

Relinking
with the world

Study in Russia

拉摩斯公寓一角(席子　摄)

目
录

目

录

Relinking
with the world

Study in Russia

20 世纪二三十年代的克里姆林宫

引言

十月革命一声炮响，为中国送来了马克思列宁主义。近代以来素以开放著称的上海，对这声炮响的反应自然格外强烈，风云际会之间，成为中国共产党的诞生之地。

1840 年鸦片战争后，中国被迫向列强开放五个通商口岸。上海作为五口之一，因其江运和海运交汇点的地理位置优势，逐渐成为中西会通之地，将中国与世界连为一体。近代中国睁眼看世界的士大夫，受迫于军事上的屡次失败而越来越渴望师夷长技。上海风气开放，吸引了一批又一批时代弄潮儿。

曾几何时，晚清士大夫仇洋观念甚盛，郭嵩焘出使英法，国人皆以"假洋鬼子"目之，避之唯恐不及。但到了 20 世纪初，华夷观念丕变，奉节出使外洋反成为士人竞相争抢的美差。与此同时，海外留学也成为年轻人公认的一个重要社会升迁途径。特别是清末不少留日学生归国即获大用后，留学之风更加兴盛。

民国初期，李石曾、吴稚晖、吴玉章等人倡导的赴法勤工俭学活动在青年学生中引起重大反响，各地的莘莘学子蜂拥以求。而赴法留学终究名额有限，湖南的求学少年刘少奇便求之不得，不得不另谋出路。

此时已到1920年，湖南、安徽、浙江、江苏等地一些有心出洋留学的年轻人，从不同渠道得知上海一教育机构正组织赴俄留学事。其时俄国刚于三年前发生十月革命，国内舆论颇多议论：视为洪水猛兽者有之，视为革命圣地者亦有之。由此勾起了一些对个人前途和国家命运充满迷茫和思变情绪的年轻人的向往之心。

这个教育机构叫作外国语学社，位于上海法租界霞飞路渔阳里（即新渔阳里，今淮海中路567弄）6号。这个外国语学社表面上是为青年学习俄语、英语和法语等语言提供便利，但实际上是为赴俄留学做前期准备。而赴俄留学的目的也显而易见，就是为中国未来的共产主义革命培养青年干部人才。正因如此，外国语学社的学员，也加入了一个叫作社会主义青年团的组织。国内当时研究社会主义已经不算是太新鲜的事，结社现象更是司空见惯。如果时间定格在1920年，那么社会主义青年团看上去与少年中国学会之类的社团并无什么明显差异。但后来发生的历史却表明，这个社团的成员们见证和参与了众多足以改变近代中国历史进程的重大事件。

这个历史进程的一个重要环节，就是外国语学社学员次年春夏之交的赴俄。

外国语学社学员在几个月间有多个批次的赴俄队伍足

以永载史册，但当年的具体行程却极少形诸笔墨。其中三批次由上海到海参崴的队伍，是后来被最多回忆到的。但究竟是何时出发、乘坐哪条轮船，相关历史细节始终模糊不清，相关研究中也不乏以讹传讹者。如各种论著中都提到刘少奇、任弼时等人是乘坐"日本邮轮"由上海经长崎而至海参崴，但此说出处何在、是否属实，似乎无人考证，更不必说所指日本邮轮究竟是哪个船行的哪一条船及其所在港口码头位置了。

为此，笔者专门做了考证，详见正文，在此且先报上结论。1921 年外国语学社赴俄留学活动亲历者回忆中屡屡提及的三批次由上海到海参崴的海上航线所涉及的邮轮和出发时间依次是：大丰洋行的"甬兴"号，4 月 11 日出发；三北公司的"升孚"号，5 月 4 日出发；三北公司的"升有"号，5 月 17 日出发。此处虽属细节，但涉及中共革命的起步，每一处细节都不容错过。何况要准确理解历史，需要尽量回到历史现场，而这离不开对细节的梳理。

说到大丰洋行和三北公司这两家的海参崴航线，与外国语学社的此次赴俄颇有机缘。这条航线本来由俄国的义勇舰队运营，但十月革命后因故停运。据 1923 年版《上海指南》，（停运前）义勇舰队上海—海参崴商轮每两星期一班，头等舱船票墨西哥银洋一百元五角，二等舱六十元。义勇舰队停运后，上海大丰洋行和三北公司先后开辟了这条航线。且看 1920 年 11 月 26 日《申报》的一条记载：

1909 年投入运营的“甬兴”号姊妹船“宁绍”号，正停泊在客运码头

> 行驶海参崴航路之商轮，在上海方面本有俄国义勇舰二千吨之邮船五艘，专驶该处。自驻京俄使取消国际待遇资格后，该舰队与五商轮一律停止行驶，至今尚无开轮之希望。而大丰洋行便于斯时极力扩充营业，除原有升有等两轮以外，又租赁宁绍公司之甬兴轮船，专驶海参崴。兹又增赁同益之顺昌轮船，除往海埠外，兼走大连湾云。[1]

由上可见，随着俄国义勇舰队的停航，大丰洋行填补了从上海到海参崴的航线。引文提到的“甬兴轮船”，正是外国语学社北上学员乘坐的三艘商轮之一。“甬兴”号轮船是大丰洋行从宁绍公司雇用的轮船。1917 年，宁绍公司董事

1921 年 2 月 25 日《申报》刊载《升孚快轮定开海参崴航路》消息

会拟将此船卖给三北公司。宁绍公司是股份公司,总经理由虞洽卿担任。三北公司又恰好是虞洽卿独资开办的公司,这笔交易因涉嫌利益输送,在股东反对下无果而终。

这则大丰洋行的新闻刊登不久,沪上的报纸开始发布“甬兴”号开往海参崴的航班消息。如稍后的 12 月 5 日,《申报》即有广告如下:“甬兴轮船准礼拜一即二十七日直放海参崴。大丰洋行船头房启。”

三北公司的“升孚”号本是一条货轮,此前曾在开滦煤矿运煤。而“升有”号前身则是一条退役的军舰。从上面的引文看,此船可能曾由大丰洋行运营。三北公司也是因为看到上海—海参崴航线的空缺,转而以“升孚”和“升有”号投入运营。1921 年 2 月 25 日,《申报》一条“升孚快轮定开海参崴航路”消息提到：

> 海参崴一埠，为我国北方工商之尾闾，货客往还，恒无大吨轮船为之承运，侨崴华商深感不便。兹闻已请求本埠三北公司，派放三千吨升孚快轮，往来沪崴航路，约阴历正月底开放首班云。[2]

但“甬兴”和“升孚”号似乎仍不能满足上海—海参崴航线的市场需求。1921年3月20—22日，《申报》又刊登“三北公司升有快轮十三日礼拜二开往海参崴”的广告。其文如下：

> 本公司自升孚开拓海参崴航线，大受各界欢迎。兹又接青岛烟台各商埠来电，以货客拥挤，均愿装搭完全华商之国轮请加船行驶等情，本公司徇客商之请，特派升有快轮续放崴埠。定十三日礼拜二，由申往崴。中外各商装货搭客者，请至本公司面议，当较他公司格外优待，以副雅意。本公司谨启。[3]

由上可知，外国语学社学员的北上赴俄，正发生在这两家公司的三条商轮投入运营不久。其中的三北公司，正是在那一两年时间内迅速崛起，成为沪上航运界引人注目的新星。

1921年的上海黄浦江,是这个历史事件的一个更大现场。此时的黄浦江畔,码头林立,船行众多,航线繁杂。沪上报纸,每日都在布告进出上海的轮船班次。出洋的乘客买到船票后,往往需要先从坐落于外滩的码头乘坐驳船抵达杨树浦和吴淞口等,再转乘轮船出海。

因为当年的留苏活动并非完全公开,且相关记载重在东北边境和苏俄境内的遭遇和见闻,描述上海始航时的文字反倒告缺。在此不妨借助1919年一位留欧学子的笔触,来看看当时的出发情形:

> 大船泊在杨树浦(码头),由黄浦滩上小火轮拖至大船再行转驳。驳船开时多半在上午九点钟,船票上与船公司门外告白上皆已载明,先期一二天应到船公司去探听有无改变及期,须早动身(万一因事迟延,时间将过,应雇马车汽车,不可惜钱,因恐怕船开后船票不能再用)到趸船上,船客与送行者皆在此等候。驳船已到,然后将行李搬上。少者自携为便,多者亦有工人搬运,大抵二三件行李给银三角(在上海动身,宜各带小角若干,以便零用,鹰洋到香港可用,以后便不好使用)。黄浦滩(即外滩)到杨树浦最近十几分时即到,送行者可上驳船到杨树浦,并到大船上游览。招扶再下驳船,开回黄浦滩。驳船到大船旁停泊甚久,送行者与船客均不必仓忙。[4]

结合《申报》、英文《字林西报》和同时期有关上海港国际客运方面的记载等文献可推知，外国语学社经上海—海参崴航线北上赴俄的三个主要批次，先后乘坐的是“甬兴”号、“升孚”号、“升有”号三艘邮轮。这三艘邮轮停靠宁绍公司或三北公司的码头。大体可以想象，他们经海关行李查验后，乘海关的汽艇登船启航。随后一路北上，中途弯泊日本大阪港，最后抵达海参崴。他们开启的不仅是一次人生的远航，也是中国历史的新篇章。

中国共产党从 1921 年 7 月正式成立，到 1933 年 1 月中共临时中央政治局被迫迁往中央革命根据地瑞金，除有几次很短暂地迁离上海外，中共中央领导机关都设在上海。大革命期间，上海是中共很重要的活动场地，特别是 1922—1927 年的上海大学，是早期中共革命青年的集散地。因此，上海自然成为革命青年的舞台。更多年轻的革命者从上海北上留苏，同时也有越来越多的留学生匆匆肄业归来，在上海展开革命工作。革命之初，他们一腔热血，只因为缺乏革命经验而略显稚嫩。但在血与火的考验下，他们从白面书生成长为身经百战的职业革命家，有些更成长为新中国的开国元勋。

注 释

1. 《纪最近行驶海参崴之商轮》,《申报》1920 年 11 月 26 日。
2. 《升孚快轮定开海参崴航路》,《申报》1921 年 2 月 25 日。
3. 《三北公司升有快轮十三日礼拜二开往海参崴》,《申报》1921 年 3 月 22 日。
4. 子昇:《游欧琐谈》,《申报》1919 年 3 月 24 日。

第一章

陈独秀南下

『独秀则不羁之马，奋力驰去，回头之草弗啮，不峻之坂弗上，气尽途绝，行与凡马同踣。』[1]

——章士钊

第　一

一、南下

近世的中国，兵连祸结，沧海横流，但上海因租界的关系，却是一幅熙熙攘攘的景象。许多人为躲避战祸而逃亡至此，更多的人为了寻找机会也接踵而至。然而，近世的上海并非人间乐土，就在这表面的和平与繁荣背后，暗潮时刻都在涌动！

曾在新渔阳里6号外国语学社就读的开国大将萧劲光，在他的回忆录里如是写道：

> "十里洋场"的上海，更是一幅殖民地、半殖民地的缩影。帝国主义列强在中国的领土上割成各自的租界。在租界中，我们有一种令人窒息的压抑感，一种难以忍受的屈辱。明明是自己的国土，却好似异国他乡。[2]

一部中国近代史，是一部屈辱史。上海，是近代中西权力关系的一个缩影。任何一个有爱国心的中国人，都会感受到这个繁华大都市背后的这种无形的压抑。

不过，从国内政治的角度看，上海还有另一面。上海开埠后，逐渐发展为一个世界级的国际大都市，其工业特别是外贸所占全国比例，在很长一段时间内都高得令人咋舌。与此相应，上海也逐渐成为一个政治中心。庚子之变以后，清王朝统治力急剧弱化，江湖得以与庙堂分庭抗礼。在上海，

20 世纪 30 年代初的外滩

逐渐开始聚集大量的抗议者。

1899 年，慈禧太后对其继子光绪帝有废黜之意，就发动了轰动朝野的“己亥建储”。远在上海的电报局总办经元善借助职务之便，发联名公电劝阻。所谓公电，形式上就是在报纸上发布的与公共事务有关的电报。建储与否，在清王朝的政治规矩中本是皇帝的家事，连公卿大臣都不敢轻易插嘴。经元善区区一个地方小吏，竟然敢妄议朝政，而且还公之于众。这是何等的不同寻常！这实在是开了清王朝先河的政治事件！

不久，更离谱的事情在八国联军入京和两宫“西狩”前夕发生了。麇集在沪滨的一群士人，竟然在张园自发组织了一个“国会”！随后的舆论更有上陵下替之势，像《中外日报》这样并不算特别出格的报纸，竟然堂而皇之、连篇累牍地“妄议”皇帝的“归政”问题！虽然八国联军对慈禧太后网开一面，但上海从此成为立宪派和革命党的活动中心。翰林恽毓鼎在日记中总结清王朝灭亡的教训时，曾言“清室之亡，实亡于上海”！

这话算不算言过其实？恽毓鼎有自己的逻辑。他给出了三条理由：“宣统之季，构乱之奸徒，煽乱之报馆，议和逊位之奸谋，皆聚于此。”[3]他认为清末在野势力的崛起，极大左右了政局走向；密布于上海租界的报馆，便从根本上改变了人心的向背。而所谓的“奸徒”和“奸谋”，一个指的是革命党，一个指的是立宪派。彼时的上海，正是各方政治势力的一个聚集地。

民国时期，这一局面仍在延续。北洋政府是个形式上“民主”的弱势政府，不仅无法整治各路军阀，对上海租界内在野势力的活动也只有望洋兴叹的份儿。

再次聚焦到渔阳里，两个渔阳里置身法租界，利用租界的特别体系，一些熟悉的身影在这里活跃着！陈独秀1920年南下时寄宿的老渔阳里（即环龙路渔阳里，今南昌路100弄）2号，实际上本是新军出身的革命党人柏文蔚的府邸，而柏文蔚坐镇安徽时，陈独秀曾是他的幕宾。

陈独秀对这片土地也不算太陌生，在北上开启新文化运动之前，他就曾与清末民初叱咤风云的传奇书生章士钊住在霞飞路（今淮海中路），参与谋划国家大政。

柏文蔚像

陈独秀,原名乾生,字仲甫,号实庵,安徽怀宁人,生于1879年,新文化运动的发起者和旗手,时人口中的“新文化巨子”或“巨擘”。单是一个新文化运动,就足以让他名垂青史。

“江东无我,卿当独秀!”陈独秀,名字里都透出近代仁人志士一种常见的张扬个性。如康有为自称康长素。素就是“素王”孔子,长素之意就是长于孔子!

有意思的是,曾经的好友章士钊把陈独秀比喻成一匹“不羁之马”,“奋力驰去,回头之草弗啮,不峻之坂弗上”!这种舍我其谁的气概,这种大无畏的精神,让陈独秀在新文化运动之后,承担了又一个历史重任:组建中国共产党。

1945年,也就是陈独秀因病逝世三年之后,毛泽东对他的历史地位有过一段评价:

> 关于陈独秀这个人,我们今天可以讲一讲,他是有过功劳的。他是五四运动时期的总司令,整个运动实际上是他领导的,他与周围的一群人,如李大钊同志等,

睁眼看世界　赴苏

第　　　一

陈独秀像

中国共产党发起组成立地(《新青年》编辑部)旧址

是起了大作用的。我们那个时候学习作白话文，听他说什么文章要加标点符号，这是一大发明，又听他说世界上有马克思主义。我们是他们那一代人的学生。五四运动替中国共产党准备了干部。那个时候有《新青年》杂志，是陈独秀主编的。被这个杂志和五四运动警醒起来的人，后头有一部分进了共产党，这些人受陈独秀和他周围一群人的影响很大，可以说是由他们集合起来，这才成立了党。[4]

中国共产党是从五四运动中走出来的。从五四到建党，其中的一个历史契机，那就是陈独秀 1920 年的南下。

陈独秀在北京大学任文科学长期间，正是新文化运动高歌猛进之时。随后，轰轰烈烈的五四运动在巴黎和会上中国外交失败的消息刺激下爆发，陈独秀作为“青年导师”自然活跃其间。就在一次传单发放活动中，陈独秀遭到警察抓捕。这不是他第一次也不是最后一次吃牢饭。这次，得益于“新文化巨子”的光环，各界纷纷营救，陈独秀获得了保释。

在开列的保释条件当中，陈独秀是被限制出京的。可是陈独秀是个不羁之人，根本不会把它放在心上，很快就有了上海和武汉之行。所到之处，还不乏“过激”言论。以陈独秀当时的名声，这些活动和言论难免会出现在报纸上。所以，他返京后，便再度面临警察厅的问罪。

1920 年 2 月，为躲避反动军阀政府的迫害，陈独秀从北京秘密迁移上海。在护送陈独秀离京途中，李大钊和他商讨了在中国建立共产党组织的问题。

那时候有个现象，就是刊物随人走。陈独秀先是在上海创办《新青年》，随后把它带到北京，借助北大光环，使它成为新文化运动的标志性刊物。此次重返上海，陈独秀又把他的《新青年》带到了环龙路渔阳里2号。北京的新文化阵营少了一个重要喉舌难免有几分落寞，但《新青年》的到来却让环龙路渔阳里成为瞩目之地。

为《新青年》改址事，1920年8月中旬，陈独秀还专门发布了一个启事：

> 新青年社启事
>
> 本报八卷一号准于九月一日出版。编辑部同人照旧，编辑事务仍由独秀担任。以后关于投稿及交换告白杂志等事请与"上海法界环龙路渔阳里新青年社编辑部"接洽。关于发行事件请与"上海法大马路大自鸣钟对面新青年社总发行所"接洽。报价邮费一切照旧，惟特别号不另加价的权利以直接向本社总发行所定阅者为限。特此预先声明，以免误会。此白。[5]

大致同一时间，一位日本观察家注意到，当时中国思想界分为渐进派和急进派："渐进派富于思想；急进派富于勇气。渐进派以北京大学为中心，素热衷于教育之普及；急

《新青年》杂志第二卷第一号封面

PAO. CHINESE DAILY NEWS

申報

今日常識刊在第四張十六版閱者注意

今日本報本埠附送中孚銀行儲蓄部廣告如有遺漏請向送報人索取

李仲文胞弟鑒

商業聯合會臨時平糶局啟事

陳獨秀啟事

新青年社啟事

聲明作廢

遺失契據聲明

吳江縣長章公之德政

錢出售

上海福和煙公司遷移預佈

許鴻翥為上海紗廠啟事

1920 年 8 月 17 日《申报》刊载《新青年社启事》

进派属于陈独秀，且以上海为中心，故闻上海多为赤化之宣传。”这一概括颇具洞察力。此时，陈独秀在上海已经有了一群志同道合的新朋友。这些新朋友以老渔阳里 2 号为活动中心，编辑进步出版物，宣传马列思想，组织工会。就是在老渔阳里 2 号，成立了共产党早期组织，并且组织拟定了《中国共产党宣言》。

而在距离老渔阳里 2 号不远的新渔阳里 6 号，因为外国语学社的开办，随即也走上革命的历史舞台。

陈独秀在上海的活动陆陆续续持续到 1932 年。这一年，亲历政治风云变幻后从革命舞台黯然退场的陈独秀在岳州路永兴里 11 号（今虹口区岳州路）隐居时被捕。国民党中央电令上海市公安局将他押往南京。在隆隆的火车声中，陈独秀竟“酣睡达旦，若平居之无事者然”。火车到达南京下关站，押解特务把他叫醒，他舒展两臂，若无其事地打了个哈欠。

二、陈独秀的朋友们

胡适曾感慨说：“在上海陈氏又碰到了一批搞政治的朋友。”物以类聚，人以群分，陈独秀在上海这个藏龙卧虎之地，与一群“搞政治的朋友”频有过从。

这其中的因缘际会，还要从陈独秀南下之前说起。

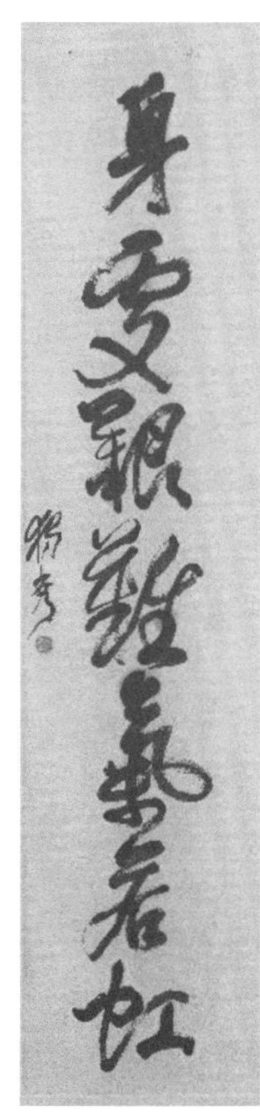

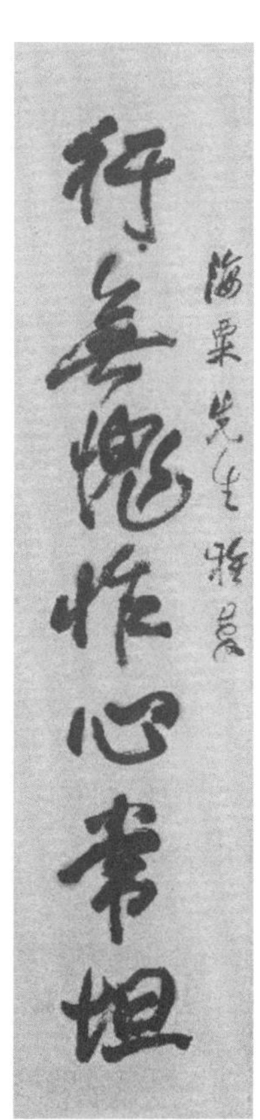

陈独秀狱中题赠刘海粟：行无愧怍心常坦，身处艰难气若虹

（一）李大钊

陈独秀离京之后，途经天津。据最早参加过北京共产党早期组织的朱务善在1960年的回忆："一九二〇年一月，大钊同志送陈独秀去天津以转往上海。""他们化装成下乡讨账的商人，坐骡车出朝阳门，走了好几天才到天津。陈独秀北方话说不好，沿途遇到军警检查，都是大钊同志对付，一直把他送上轮船。路上，大钊同志也与他商讨了有关建党的问题。"[6]1927年，好友高一涵在纪念李大钊就义的一次演讲中也提到李大钊掩护陈独秀化装出逃事。

（二）维经斯基

在建党的历史进程中，曾有过一个重要的外部契机，那就是维经斯基的来华。

维经斯基，就是中文文献中的"魏金斯基""维金斯基""吴廷康"或"伍廷康"等。1893年出生于俄国，1913年移居美国，1918年春回俄，加入俄国共产党（布尔什维克），1920年4月经共产国际批准，受俄共（布）远东局海参崴（即符拉迪沃斯托克）分局外国处的派遣，率员来中国，了解五四运动后中国革命运动发展的情况。在上海，他们以俄文报纸《上海俄文生活日报》记者的身份开展活动。

据李达后来的回忆："东方局曾接到海参崴方面的电

李大钊像

报，知道中国曾发生过几百万人的罢工、罢课、罢市的大革命运动，所以派他到中国来看看。”包惠僧对维经斯基的来华也有着同样的认知，他说：“第三国际派了魏金斯基（化名吴廷康）来中国，了解中国的政治情况，研究五四运动的发生和发展，访问领导五四运动的人物，常来往于北京和上海之间。”[7]

维经斯基到北京后，经两位俄籍教授柏烈伟和伊凡诺夫的介绍，与李大钊完成接洽。随后，又在李大钊的推荐下南下上海会见陈独秀。

维经斯基在上海的活动，可见李达的回忆：

> 由于李大钊同志的介绍，魏金斯基到了上海，访问了《新青年》《星期评论》“共学社”等杂志、社团的许多负责人，如陈独秀、李汉俊、沈玄庐及其他各方面在当时还算进步的人们，也举行过几次座谈，其经过也和在北京的一样，最初参加座谈的人还多，以后就只有在当时还相信马列主义的人和魏金斯基交谈了。由于多

第　一

维经斯基像

> 次的交谈，一些当时的马列主义者，更加明白了苏俄和俄共的情况，得到了一致的结论“走俄国人的路”。[8]

这段回忆透露，维经斯基在上海接触的不仅仅是陈独秀，也不仅仅是后来的共产党人，而是一群“还算进步”的人士。只不过经过一番自然选择之后，有的人觉得“道不同”便退出了，而觉得志同道合的人则留了下来，随后成为早期中共的骨干力量。

通常，读者更容易注意到的是这个选择过程中思想因素所起的作用，但当事人则提到了历史的另一个面相，那就是维经斯基的个人风格问题。对于维经斯基其人，张国焘在他的回忆录里有过一些描述。他说：

> 这位年约三十岁的苏俄共产主义者，中等身材，体格健强，目光深黯，英语说得相当流利，发音虽不算纯正，但比我的英语是要好得多。他于十月革命前曾流亡美国做工，革命时回国，是最早参加共产国际伊尔库茨

克局的个人。他给我的最初印象不是一个学者型人物，而是一个具有煽动力的党人。他从不以共产国际代表自居，也许因他只是伊尔库茨克局而非共产国际本部派来的缘故。[9]

张国焘还专门分析了维经斯基在华联络活动成功的原因：

威金斯基所以能与中国共产主义者建立亲密的关系，原因很多。他充满了青年的热情，与五四以后的中国新人物气味相投。他的一切言行中并不分中国人与外国人或黄种人与白种人，使人觉得他是可以合作的同伴。他那时对于中国情形还不熟悉，也不妄谈中国的实际政治问题。他这种谦虚的态度表现在他很推崇陈独秀先生和他在上海所接触的中国革命人物，总是说他们都是学有专长的。他的这种气质表示出他确是俄国革命后的新式人物，也许这就是他能与陈独秀先生等相处无间的最大原因。

他能成为俄国革命和中国革命运动之间的最初桥梁，不仅由于他一开始就找着了主要线索，会见孙中山、陈独秀等这类人物，主要之点，还是他能与中国的革命人物谈得投机。他也和其他俄国革命人物一样，好滔滔不绝地发表议论，有时也爱与人喋喋不休地辩论，不过态度总是相当谦虚的。[10]

在这段回忆中，张国焘对维经斯基最为肯定的一点就是他的谦虚态度。这个说来话长。近代中国的报刊里充斥着西洋人飞扬跋扈作威作福的叙述，久而久之，早已形成一种刻板印象。后来来华的个别共产国际代表，面对一个新生的党，也难免会抱着一种老师教导学生的姿态，比如共产国际代表马林就给张国焘留下了这种印象。反过来加上当时中国人在弱势身份下的一点敏感，故而对外国人待人接物的态度会特别在意。维经斯基以独特的个人魅力，获得了陈独秀等人的认可，在早期党史上写下了独特的一笔。

（三）杨明斋

值得一提的是，在维经斯基的在华联络工作中，总有一个中国人的身影相伴左右。他就是担任翻译工作的杨明斋。

在当时的报刊中，曾有过如下一段描述杨明斋形象的文字：

> 圆头肥脑，大腹便便，嘴上留着仁丹式髭须，外表上恰像个北洋军阀，怪有福相地；听他的谈话，却格格不吐，一发急，便把字句割裂开来，倘使你不站远些，唾沫便将直向你脸上洒；这就是本篇的主人公杨明斋老同志。他是山东产，侉子；侉子的性情是爽直的，所以杨明斋也是胸无城府，直往直来的性子。[11]

杨明斋像

这段文字出自1933年《社会新闻》杂志刊登的一篇《杨明斋史略》,作者署名胡敌。从这篇文章可知,杨明斋还曾有恩于这位作者,曾为他在莫斯科中山大学谋到过一个写讲义的职务。他对杨明斋的履历、才能、性情及其与中国共产党的结缘等内情颇有了解,因此其整体笔调虽然十分不恭,但撇开文辞而言,尚有一定可信度。值得一提的是,这是如今可见的新中国成立前杨明斋的唯一传记。

《杨明斋史略》里的不少文字,在党内少有的几处回忆性文字中确能找到对应处。来看包惠僧的简短回忆:

> 魏金斯基的翻译员杨明斋,山东人,是一个穷苦学生出身,在帝俄时代就由山东到了西伯利亚,同一些中国旅俄的华侨一起半工半读,后来到莫斯科等地住了十余年之久,十月革命后加入苏俄共产党。他虽是中国人,因为旅俄日久,对中国各方面的情况并不熟悉,差不多是一个"半洋人"了。[12]

简单说，杨明斋是个少小离乡的旅俄华人，在俄生活期间加入俄共。有人据此说杨明斋是有史可考的第一个加入共产党的中国人。不过，就是这样一个赶在历史潮头上的人物，却很快淡出了历史舞台。出于机缘巧合，师哲曾在苏联与他偶遇，且来看师哲回忆录中的记载：

> 1933 年或 1934 年，托木斯克保卫机关负责管理流放犯的同志向我汇报，他们从远东接收了一个流放充军犯——一个叫杨明斋的中国人。杨自述是老共产党员，参加过苏联内战的老游击队员和老布尔什维克。曾于 1919 年至 1920 年回到中国，并曾为国际代表马林、魏金斯基等人当过翻译，是中共的元老。因不愿当亡国奴，于 1933 年私行过界到苏联来，被苏方拘留，当作私行越境犯看待。他写信找过中共驻国际代表，无奈王明、康生不承认他，不予理睬。因而被充军到西伯利亚的托木斯克城。[13]

这段文字提到杨明斋的晚景。师哲对此有进一步的细节描述，从中颇能反映杨明斋的生活习惯乃至性格气质：

> 苏方将他安排在市中心区的一幢楼房里，但他却执意要住在底层，因底层是砖地，可以砌灶、劈柴、生火做饭。他仍保留着中国北方农民的生活方式和习惯。

我刚走进他的房间，真使我大吃一惊：满屋生烟，遍地柴禾，墙壁、玻璃窗户由于烟熏火燎早已失去昔日的光泽，变得乌黑不透阳光。……

苏联同志一再反映，杨足不出户，不娱乐，不进戏院。自己做饭，十分节俭，每日三餐只生一次火。他们希望我影响杨，要他讲卫生，收拾住房，安排好生活。……

杨明斋虽然外表上污浊不堪，不拘小节，但仍不失正人君子的气质。他在苏联生活多年，仍保留着家乡的谈吐和口音。他是山东平度人。他告诉我：早在1919年之前就参加了苏俄共产党，曾到莫斯科东方大学学习过。1920年初随同大批华工回国。到了东北哈尔滨、北京、山东，并回过一次平度老家，然后到上海担任共产国际驻中国代表魏金斯基的翻译。后来又到了广州，会见过孙中山先生。这些工作都是在魏金斯基的帮助和指导下做的。他同陈独秀有过接触，但合不来，相处不那么融洽。……

根据我对他两次谈话、观察及其他同志的汇报，杨是属于旧知识分子，据他自称是前清秀才，有古文底子。他的晚年孤身一人，无依无靠，处境凄凉，但仍孤芳自赏，朴实好学，是个十足的书呆子。[14]

以现代卫生的标准来衡量，杨明斋的生活习惯让他看起来像个“怪老头”。不过，正如师哲所说，杨明斋很大程度上只是保留了北方农民一种传统的生活方式。北宋时，有人曾假托苏洵之名指责王安石“囚首垢面，而谈诗书”属于不近人情，进而论证不近人情的人非奸即盗。但平心而论，历史并不以此衡量人物高下，这个不讲卫生的故事反倒增加了王安石的传奇色彩而丝毫无损他的形象。在这里，师哲更多看到的是杨明斋身上一个传统读书人的执拗。

无独有偶，前述胡敌所作的小传中不仅提到杨明斋的耿直，也提到他“孤高自赏拒绝国共联合”的史事。实际上，陈独秀起初对于加入国民党也很抵触，但最终还是选择了接受共产国际的建议。而杨明斋，也有属于自己的一份不羁和固执。

其实，与陈独秀一起组党的朋友，人人都有自己的个性。李达和李汉俊是早期中共的两个重要的理论家，据张国焘对他们的观察：

> 李达是一个学者气味很重、秉性直率的人，有一股湖南人的傲劲，与人谈话一言不合，往往会睁大双目注视对方，似乎是怒不可遏的样子。他的简短言词，有时坚硬得像钢铁一样。我当时想到马林和李达也许是两个戆头，恰好碰个正着。
>
> 接着我又去拜访李汉俊。他也是一位学者型的人物，可说是我们中的理论家，对于马克思经济学说的研

李达像

究特别有兴趣。他不轻易附和人家,爱坦率表示自己的不同的见解,但态度雍容,喜怒不形于色。[15]

李达辩论起来非常投入,常常表现得“怒不可遏”,李汉俊则恰恰相反,善于管理自己的情绪,看上去“喜怒不形于色”。

如果留心观察,这类的对比在党史文献中并不罕见。比如郑超麟笔下的陈独秀是这样的:“他不爱穿西装,第一次看见他时是长袍,马褂,呢帽,以后冬天常带围巾,夏天则穿夏布长衫。”[16] 而瞿秋白则是这样被描述的:“下午,瞿秋白从上海大学教了书回来,呢帽,西装,革履,服装如此整齐的同志,我从来未曾见过。”[17]

有趣的是,陈独秀在上海除了遇到一群与他志同道合共同建党的朋友,还遇到另外一群曾经互相引为同道但最终分道扬镳的党外朋友。

戴季陶像

(四)戴季陶

这就不得不提及戴季陶。陈独秀南下上海,住在老渔阳里2号,与戴季陶比邻而居,除了他们是老相识,也许还有另一层原因:身为国民党党员的戴季陶,很早就对俄国十月革命抱有了很大同情和期望。这在当时并不是什么不能公开的秘密。戴季陶所主持的《星期评论》,便不断地为十月革命加油喝彩。

且来看1920年《星期评论》新年号上的一首新年词:

红色的新年

(一)

一九一九年末日的晚间、
有一位拿锤儿的、一位拿锄儿的、黑漆漆地
在一间破屋子里谈天。

（二）

拿锤儿的说：
“世间的表面、是谁造成的！
你瞧！世间人住的、着的、用的、
那一件不是锤儿下面的工程！”

（三）

拿锄儿的说：
“世间的生命、是谁养活的！
你瞧！世间人吃的、喝的、抽的，
那一件不是锄儿下面的结果！”

（四）

他们俩又一齐说：
“唉！现在我们住的、着的、用的、吃的、喝的、抽的、都没好好儿的！
我们那些锤儿下面作的工程、锄儿下面产的结果，
那儿去了！”

（五）

咚！咚！！咚！！
远远的鼓声动了！

一更！二更！好像在那儿说：
工！农！
劳动！劳动!!
不平！不平!!
不公！不公!!
快三更啦！
他们想睡、也睡不成。

（六）

朦朦胧胧的张眼一瞧、
黑暗里突然的透出一线儿红。
这是什么？
原来是北极下来的新潮、从近东卷到远东。
那潮头上拥着无数的锤儿锄儿，
直要锤匀了锄光了世间的不平不公！
呀！映着初升的旭日光儿、一霎时遍地都红！
惊破了他们俩的迷梦！

（七）

喂！起来！起来!!
现在是什么时代？
一九一九年末日二十四时完结了，
你瞧！这红色的年儿新换、世界新开！[18]

Relinking with the world

Study in Russia

章

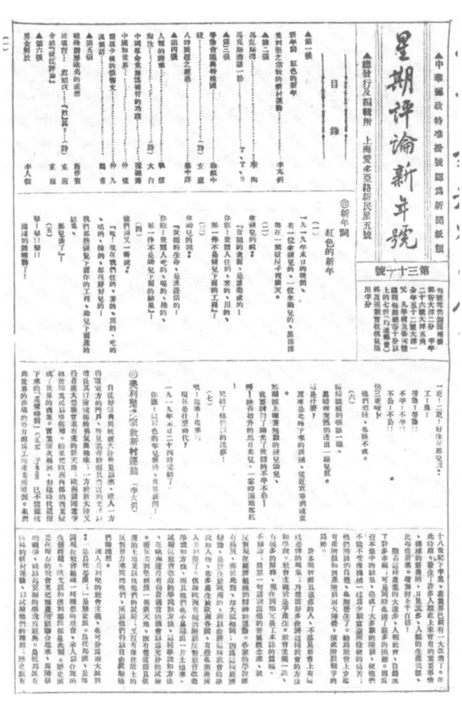

▲中華郵政特准掛號認為新聞紙類

星期評論新年號

▲總發行及編輯所 上海愛多亞路新民里五號

第三十一號

每號零售銅圓兩個 郵寄大洋二分 半年二十六號大洋五角 全年五十二號大洋一元 凡學校及各團體購閱每期總寄十分以上的七折（均連郵費）郵票照數實收但只限用半分

目錄

（一）

◎新年詞 紅色的新年

（一）
一九一九年末日的晚間、
有一位拿鎚兒的、一位拿鋤兒的、黑漆漆地在一間破屋子裡談天。

（二）
拿鎚兒的說：
『世間的衣食、是誰造成的！
你聽！世間人住的、穿的、用的、
第一件不是鎚兒下面的工程』！

（三）
拿鋤兒的說：
『世間的生命、是誰養活的！
你看！世間人吃的、喝的、抽的、
第一件不是鋤兒下面的結果』！

（四）
他們倆又一齊說：
『咳！現在我們住的、著的、用的、吃的、喝的、抽的、都沒好好兒的！
我們那些鎚兒下面作的工程、鋤兒下面產的結果、
都兒去了』！

（五）
聚！聚！！聚！！
[illegible]的[illegible]響動了！
一更！二更！好像在那兒說：
工！農！
勞働！勞働！！
不平！不平！！
不公！不公！！
快三更哩！
他們想睡、也睡不成。

（六）
朦朧朧的張眼一瞧、
黑暗裡突然的透出一線兒紅。
這是什麼？
原來是北極下來的新潮、[illegible]
。
紅彌漫上擁著無數的鎚兒鋤兒、
直要鑄勻了世間的不平不公！
呀！映著初升的旭日光兒、一霎時遍地都紅
！
覺破了他們們的迷夢！

（七）
噢！起來！起來！！
現在是什麼時代？
一九一九年末日二十四時完結了、
你聽！這紅色的年兒新換、世界新開！

◎美利堅之宗教新村運動（李大釗）

1920 年《星期评论》新年号

仅从文学造诣上看，这不是一首值得载入文学史的现代诗。但是它所反映的一种由俄国革命所带来的新的世界观，即将改变中国的历史。锤儿和锄儿分别代表着工人和农民

两个阶级，红色代表着革命。正如诗中的追问："现在是什么时代？"这本身就是新时代的追问！就像李大钊大声宣布"庶民的胜利"和"布尔什维主义的胜利"，高呼"新纪元"，在《星期评论》里，人们同样能读出作者们对新时代的热切期望。

顺便指出，在这首短短四百多字的新年词里，一共出现了三十几个感叹号，平均十多个字就有一个。这是民国新诗当中一个引人注目的特征。1924年，一个叫张耀翔的心理学家在《心理》杂志上发表了一篇名为《新诗人之情绪》的文章，对这个现象做了一个统计：

> 中国现在流行之白话诗，平均每四行有一个叹号，或每千行有二百三十二叹号。公认外国好诗平均每二十五行始有一个叹号。中国白话诗比外国好诗叹号多六倍。中国诗人比外国大诗家六倍易于动感叹。[19]

他对这个现象很不以为然，批评说这是"亡国之音"。不过他只说对了一半。文学作品中情感的泛滥确实搅动了人心，烘托了时代气氛，但最后亡的不是国，而是近代形形色色的政府。正如《星期评论》的重要作者沈玄庐在诗中主张的，要注意穷富公私之别，"从此不做国家人种的糊涂梦"。以前做的要么是国家梦，要么是人种梦，如今要做的是社会主义梦！

注 释

1. 孤桐:《吴敬恒——梁启超——陈独秀》,《甲寅》1926 年第 1 卷第 30 号,第 8 页。
2. 萧劲光:《萧劲光回忆录》,解放军出版社 1987 年版,第 16 页。
3. 《恽毓鼎澄斋日记》第 2 册,浙江古籍出版社 2004 年版,第 774 页。
4. 毛泽东:《中国共产党第七次全国代表大会的工作方针》,李忠杰,李明华主编:《中国共产党第七次全国代表大会档案文献选编》,中共党史出版社 2015 年版,第 137 页。
5. 《新青年社启事》,《申报》1920 年 8 月 17 日。
6. 董宝瑞著:《李大钊评传》,燕山大学出版社 2017 年版,第 329 页。
7. 知识出版社编:《一大回忆录》,知识出版社 1980 年版,第 24 页。
8. 知识出版社编:《一大回忆录》,知识出版社 1980 年版,第 13 页。
9. 张国焘:《我的回忆》第 1 册,东方出版社 1980 年版,第 118 页。
10. 张国焘:《我的回忆》第 1 册,东方出版社 1980 年版,第 118—119 页。
11. 胡敌:《杨明斋史略》,《社会新闻》1933 年第 5 卷第 13 期,第 196 页。
12. 知识出版社编:《一大回忆录》,知识出版社 1980 年版,第 24 页。
13. 师哲口述:《在历史巨人身边——师哲回忆录》,九州出版社 2015 年版,第 50 页。
14. 师哲口述:《在历史巨人身边——师哲回忆录》,九州出版社 2015 年版,第 50—51 页。
15. 张国焘:《我的回忆》第 1 册,东方出版社 1980 年版,第 132 页。
16. 《郑超麟回忆录》上册,东方出版社 2004 年版,第 208 页。
17. 《郑超麟回忆录》上册,东方出版社 2004 年版,第 206—207 页。
18. 《红色的新年》,《星期评论》1920 年第 31 号,第 1 页。
19. 张耀翔:《新诗人之情绪》,《心理》1924 年第 3 卷第 2 期,第 14 页。

第二章

外国语学社

『我们都是来自五湖四海，为了一个共同的革命目标，走到一起来了。』[1]

——毛泽东

一、关于外国语学社的记忆碎片

陈独秀的南下上海以及社交圈的拓展，引出了一段重要的历史。

一个 1920 年来上海“卖文为生”的年轻人，晚年回忆自己当年的经历，提到这样一件事：

> 一日，我正预备去报馆探望罗、袁二君，外面正下着毛毛细雨，忽有人敲门而入，其人穿着雨衣，戴着雨帽，乃一素昧平生的陌生人。他递给我一张名片，接片大吃一惊，此陌生人正是鼎鼎大名的陈独秀，我问他：“您怎晓得我住在此？”他回答说：“从《民国日报》打听而来。”并且又说了许多钦佩我的文章的话。印刷厂的房子本很局促，屋中又有煤烟，只得请他委屈落座，但见他从容随和，满不在乎。谈话恳切，并希望我能与之多接近。临行又留下地址（霞飞路渔阳里二号[2]），大有欲我前往拜访之意。当时陈氏已是大学的名教授，而我乃一普通学生，自思能有机会聆教，当属幸事，哪会意识到陈氏联络之意。[3]

这段回忆，见证了陈独秀到上海后是如何结交新朋友的。回忆者名叫袁同畴，从上述文字可知，他在第一时间得知来访者是陈独秀时的惊讶和荣幸之感。他后来成为国民党的要员，因为政见不同，回忆录中这句“哪会意识到陈氏联络之意”善意自然不多。抛开这个主观立场不说，陈独秀来上海后确实在设法联络各方青年才俊。而其后成立的外国语学社，也正有网罗天下英雄之意。

1920 年 9 月 28 日—10 月 2 日，上海《民国日报》出现了如下一则招生广告：

外国语学社招生广告

本学社拟分设英、法、德、俄、日本语各班，现已成立英、俄、日本语三班，除星期日外每班每日授课一小时，文法读本由华人教授，读音会话由外国人教授，除英文外，各班皆从初步教起。每人选习一班者月纳学费银二元。日内即行开课，名额无多，有志学习外国语者请速向法界霞飞路新渔阳里六号本社报名。此白。

这个外国语学社，如果单论招生规模，放在今天看基本上就相当于一家教育培训机构，连学校都算不上。放在近代中国教育史上看，也同样毫不起眼。特别是在上海，文教事业本就发达，加之外语人才的相对抢手，外语培训学校并不少见。但是在党史上，外国语学社担当着为革命培养干部人才的历史使命。

外国语学社成立于 1920 年秋。至于何时停办，则已经不能详考。1921 年春夏之交原社员大批赴俄之后，《民国日

第　　二

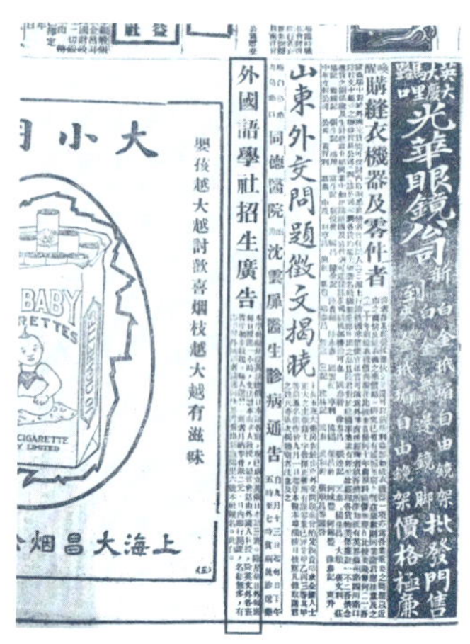
外國語學社招生廣告

山東外交問題徵文揭曉

同德醫院　沈雲扉醫生診病通告

購縫衣機器及零件者

光華眼鏡公司

自由鏡架批發門售

自由鏡架價格極廉

1920 年《民国日报》刊载外国语学社的招生广告

新渔阳里 6 号外国语学社旧照

报》上又出现添招新班的广告，内称：“本社添招英文、俄文、法文、日文学生各一班。有志向学者，请即至法界霞飞路渔阳里六号报名，每班报名者满廿名以上即行开课。报名费一元；学费每月二元。”至于新班是否顺利开办以及具体情形如何，则不见有人言及。根据当事人魏以新的回忆，新渔阳里6号的房子是1922年退租的，可见外国语学社在此之前已经停办了。但就在这短暂的岁月里，外国语学社见证了一群优秀青年的起航。

在成立上海外国语学社之前，杨明斋就已经出面租下新渔阳里6号，名义上是中俄通信社，实际上是早期共产主义者的一个联络场所。1920年8月22日，上海社会主义青年团成立，发起人有俞秀松、施存统、沈玄庐、陈望道、李汉俊、叶天底、袁振英、金家凤8位青年，俞秀松任书记。青年团的活动地址就设在此处。随后不久，新渔阳里6号的门口就挂上了“外国语学社”的牌子。

社会主义青年团与外国语学社当然不仅仅是共用一个活动场地，实际上外国语学社就是为了拣选和培养共产主义革命青年而开办的。这层关系当时未必向学员说透，但大家多半清楚。比如学员秦抱朴在后来发表在《晨报副刊》的《赤俄游记》中提到：“一九二〇年的秋天，我自朋友处得到留俄的消息，听说某团体可以替我们做介绍人，我也欣然加入了上海社会主义的青年团，专心学习俄文。”[4] 从这个表述里也不难看出外国语学社与社会主义青年团的表里关系。

关于外国语学社,并没有什么档案材料留下来。根据当事人的回忆,可知它在陈独秀的支持下,由杨明斋主持,通过俄语培训,联络赴俄留学事宜。从1920年开始招生,到1921年春夏之交,先后有30余名学员分批次赴俄留学,其后淡出历史舞台。它存在时间虽短,却与中共革命产生关键交集,为中国共产党招揽和培养了一批重要革命人才。

由于外国语学社在党史上的特殊地位,不少当年的参与者后来都有过深情回忆。为尽量拉近读者同历史现场的距离,在此以摘录为主。

据曾在外国语学社读书的许之桢1955年回忆:

> 当时社会主义青年团的活动是以新渔阳里六号为主的,但党中央基本上也在这里活动,甚至比较人多的会议也在这里开会的。
>
> 开会有时在客堂里,有时在厢房里。开会时,大家搬了一只椅子聚在一起就谈,也没有一定的形式。
>
> ……李启汉同志是当时管钱的,他住在一个亭子间里。另外还有一个亭子间,可能是俞秀松同志住的。刘少奇、柯庆施同志和我就住在楼上厢房里。楼上中间和厢房当时都作宿舍,楼下不住人。那时这里还是自办伙食的,但也没有一定,有时在外边买些粢饭油条吃吃也就算了。通常吃饭时在楼下厢房里的。
>
> 有许多传单印刷品也都在这里印,所以当时有两三

许之桢像

中国社会主义青年团中央机关旧址

架油印机，写蜡纸用的铜板等等都齐全的，不过都是日本掘井誊写堂的货色。

当时同志们进出这所屋子，前门后门都走，没有一定。要到老渔阳里二号去，要从前面弄堂出去。有隔壁小弄兜转去，不走弄后的墙洞小铁门的。据杨之华同志说当时走用弄堂里的小铁门的。[5]

这几段文字内容比较驳杂，其中首段和末段实际上都涉及一新一老两个渔阳里的密切关系。对如何从新渔阳里6号到老渔阳里2号的描述尤具现场感。

许之桢对新渔阳里6号里弄环境和屋内布置的回忆尤其具体，特录于此：

> 新渔阳里比老渔阳里造得迟，所以当时整个里弄房子都还是很新的，弄堂里都铺着水门汀，很清爽整齐，不像现在这样脏。六号后门的小弄堂路，正是现在的样子（石块路），弄堂口有一爿小香烟店，这一点我记得很清楚。因为当时巡捕房来搜查，有一个包探就坐在这爿香烟店里监视着我们的。东隔壁弄堂口的吃食店是没有的，后弄的木栅门也没有的。隔壁小弄的一边很可能是竹篱笆。
>
> 六号的大门口挂着一块"外国语学社"的木牌子，有三尺来长，一尺光景阔。写的北魏字体，漆成黑底白字。天井里不摆什么。
>
> 客堂里地板漆得很漂亮，放着一张圆桌，几只靠背椅子，是硬的，不知是何种式样。当时的家具都是租来用的，所以也相当考究，并不很坏的，但没有沙发。
>
> 客堂后面有一垛紫红色的板壁，板壁后面是扶梯，再后面便是灶间，灶间的布置记不清了。
>
> 楼下厢房里有写字台，也有长桌子，不知是否就是

现在的会议桌?即上海所称的大菜台?凳子、椅子方的长的圆的都有,并不一律。前厢房对着天井的墙壁上挂有一块黑板,厢房后面还有一小间,是做厕所的,自来水也装在这里。

楼上中间,厢房,亭子间都作宿舍,床铺也不一律,有用木板的,有用棕棚的,也有睡地铺的,有的挂帐子,有的不挂。当时的铺位如何排列,现在记不清了。

楼上房间里也有长桌子、方桌子和写字台。

当时房子里已装有电灯,楼上楼下并有一些茶壶、茶杯等日常用具,且没有热水瓶,不挂窗帘。

整幢房子的墙壁都是白色的,毫不装饰,不挂什么东西的。

有一个水门汀晒台。六号和七号的晒台,只隔一座矮墙。六号的房子是杨明斋经租的,但几时起租和几时退租已记不清了。可能是 1919 年的冬天租的。[6]

新中国成立初期,上海一度有成立渔阳里革命纪念馆的打算,因此面向当年一些参与其事的老同志做了调查工作。这些文字目前存放于上海市档案馆,有的字迹已经模糊不清。较为可惜的是,许之桢此处的回忆一再提到"记不清了"。人天性会捕捉环境中的异常变化特别是危险讯号,日常化的情境则往往习焉不察。这就不难理解为何弄堂口的香烟店许之桢会"记得很清楚",因为那里曾是包探的监视点。

萧劲光的回忆则另有侧重：

到了上海，我们首先来到法租界的霞飞路渔阳里6号，这是上海共产主义小组为赴俄学习的青年办的“外国语学社”，又叫“俄文专修馆”。我们在这里要先学习俄文和无产阶级革命的基本知识，为去俄国学习做准备。这是我们新生活的开端。

……我们的身份是一些穷学生，学习俄文是为了谋生。对将来要去俄国的事，是要绝对守口如瓶的。在帝国主义和军阀统治着的上海，谈俄国革命的事是要蹲班房的，搞不好还要杀头。我们几个人住在法租界贝勒路的一个亭子间里，吃着最便宜的包饭，没有床，睡在地板上。但一想到将来去俄国学习革命本领，回来改变中国落后的面貌，我们学习的劲头就非常足，特别是对学习俄文很刻苦。

在外国语学社负责的是杨明斋。那是一个挺和蔼可亲的山东人，俄语说得很好。我们只知道他一直在第三国际工作，是陪同第三国际的代表来国内搞革命的，我们这些人去俄国学习，都是通过他的关系联系的。杨明斋不具体教学，教我们俄文的是一个王小姐，俄文说得也非常好，听说她也在俄国工作过。王小姐和杨明斋很熟，每天下了课，杨明斋总要将王小姐送出学社门。我们在这里除了学习俄文，还听讲马列主义的课。我读的第一本马列的书就是外国语学社发的《共产党宣言》，书的封面上有一个大胡子的马克思像。对《共产党宣言》我们读起来很费解，尽管字都认得，但好些术语不明白。书是由陈望道翻译的，马列主义课也由他主讲，每个星期日讲一课。那时陈望道是上海复旦大学的教授，我们都很尊敬他，可有一件事让我们很好笑，就是陈望道每次来上课，身上总是喷着香水，熏得整个教室都香极了。我们第一次看到这"西洋景"，着实乐了一番。我们一起学习的大约有二三十人，除了我们一起来的6个人外，还有刘少奇、罗觉(即罗亦农)、卜士奇等同志，他们比我们到上海早一些。任作民同志也比我们早到，他是任弼时同志的叔伯兄弟，在上海的一个纺织厂做工，从工厂来外国语学社的。还有吴芳、谢文锦同志，都是江苏人。记得和我们先后到这来学习的还有彭述之、廖化平、许之桢、傅大庆、马念一、曹靖华、韦素园、蒋光慈等。

在外国语学社，我和弼时同志一起参加了工读互助团。工读互助团实际上是社会主义青年团的前身，它的机关就在我们俄文班的楼上，刘少奇同志是我们这个组织的负责人。参加这个组织后，我们就不仅仅是学习，同时还参加一些政治斗争。[7]

引文前两段读起来颇能感受到革命成功后的抒情，其中

第　二

陈望道像

提到的“俄文专修馆”应是记忆有误。后边则提到老师授课时的细节，其中关于陈望道的回忆令人忍俊不禁。

再来看曹靖华的回忆：

> 外国语学社在霞飞路渔阳里6号。那是一所上海普通的石库门房子，楼下东厢一个约40平米的大房间是教室，楼上是办公的地方。宿舍在距学校不远的南成都路。学员大多是来自各地的穷学生，按籍贯划分成湖南、安徽、浙江等几个小组，分散居住，集中学习，由学校免费提供食宿，过着一种公社式的集体生活。俄语课由库兹涅佐娃和杨明斋主讲。建国后，我才从周恩来同志的谈话中得知，杨明斋这位在东方大地上最早传播革命种子的忠厚长者，后来去了苏联，客死在伊尔库茨克。那时，除正规学习外，我们还能读到《共产党宣言》《新青年》《时事新报·学灯》《民国日报·觉悟》等进步书刊，以及介绍苏俄、宣传马克思主义的书籍，从中

汲取革命思想。[8]

曹靖华提到学员籍贯、授课老师以及阅读情况等。籍贯是相关回忆中经常出现的内容，从生活方式上看，的确存在省份之间的地域观念分野。这是传统乡土观念使然，从私人交游角度上也是人之常情。但这并未影响到这群年轻人思想和政治取向。毛泽东后来有一句话说得好："我们都是来自五湖四海，为了一个共同的革命目标，走到一起来了。"

这里有个史实需要做一个特别说明。关于授课老师，曹靖华与萧劲光的说法有明显出入。曹靖华说是库兹涅佐娃和杨明斋主讲俄语，而萧劲光的回忆，则说"杨明斋不具体教学，教我们俄文的是一个王小姐"。萧劲光所说的王小姐，指的是王元龄。

在外国语学社教授过俄文的王元龄本人也曾有过一段回忆：

> 我是1920年夏季从哈尔滨毕业的，7月份回上海。冬天杨明斋同志到我的地方来接洽，过了阴历年约二月份初春，我到这里来教书，未到大热天约阴历五月份就结束。我来上课的时间是下午，吃过饭后。结束后，起初据说到法国去，后来知道他们是到苏联去……我在这里教书时，教室在楼下客堂，黑板挂在中间，黑板面朝东。学生约有50人，课桌放得很挤，中间有两条走

第　二

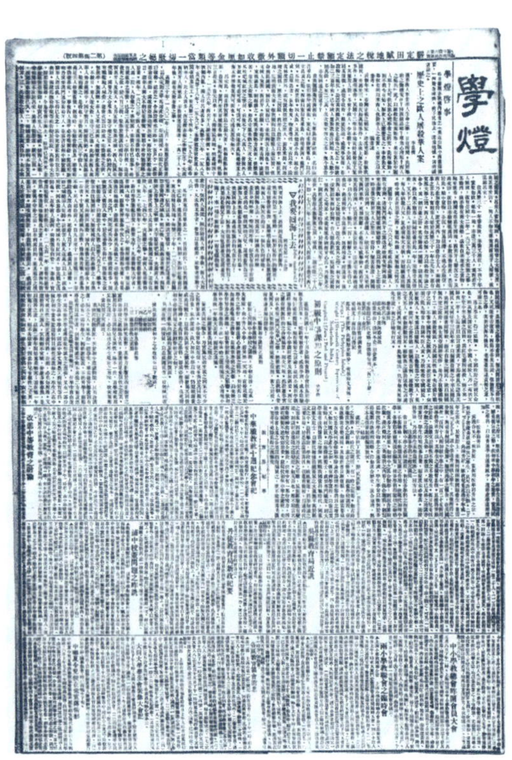
學燈

《学灯》是上海《时事新报》所设立的副刊，号称民国四大副刊之一

王元龄的舅舅李家鳌像，李家鳌通晓俄语，曾长期参与对俄外交工作

道，里面课桌紧靠6扇平门，平门是关着的。教师前面不另放桌椅。我站的地方空位不多，我的书就放在前一排学生的课桌上。[9]

在解读王元龄这段回忆之前，先来看看包惠僧的另一段回忆，他说：

外国语学校主要是为去莫斯科学习的青年团员补习俄文，虽然学校的章程中有英语班法语班俄语班，但英、法班并未开课。俄语班的学生也来去无定，最多的时候有二十余人，经常只有十余人。1921年春天学生最多，如刘少奇、罗觉（亦农）、傅大庆、李启汉（森），都是在这里读俄文的学生，还有马念一（哲民）、许之桢等也是俄语班学生。

这两个片段式的回忆与回忆者个人经历有关,自然各有侧重。王元龄描述了教室布置情形,包惠僧则涉及课程和学员人数问题。有意思的是,他与王元龄对学员人数的回忆出现明细偏差,一个说约有 50 人,一个说最多时候二十余人。这个分歧与曹靖华和萧劲光关于师资问题的分歧一样,可能是有人出现记忆错误,但也可能是两个人所讲述的时间段不同。许之桢在回忆中就提到“魏金斯基的夫人和杨明斋都在这里教过俄文”。廖划平 1921 年 3 月 9 日与秦抱朴等人乘船北上的当天下午,在书信中提到“俄语是杨明斋教授”。从时间上看,有可能起初俄语课是由维经斯基的夫人库兹涅佐娃教授,但随着她的归国,就由王元龄来替代,其间杨明斋也承担过俄语教学。

还有另外一个例子,包惠僧说英法班并未开课,可是据许之桢回忆:“当时教的也不止俄文一种,英、法、日文都教,李达教日文,李汉俊教法文,袁振英教英文。”这两个说法也不一定是非此即彼,李达、李汉俊和袁振英的确是教过课的,但可能包惠僧在的时候只有俄语开课。

进一步说,很多时候这些经常出现在文献里的分歧干脆是因为主观印象不一样。比如有人说杨明斋俄语教得好,又有人说他俄语水平不高,开始给学生当翻译,后来就需要学生给他当翻译。

甚至有的看上去不一样的表述也无非是表述方式本身的问题而已,并不一定代表了不同的事实。比如浙江人华林回忆说：

> 1920年12月左右，俞秀松来找我，谈起青年团，望我参加，并且希望我不要读英文，改读俄文，我答应了。第二天，他就同叶天底（后来牺牲）来帮我搬行李铺盖到渔阳里6号。……我们在渔阳里没有什么活动，主要是学习俄文。当时在一起学习的有：刘少奇，还有柯怪君（即柯庆施）。[10]

而萧劲光则回忆说：

> 我们一般是上午学俄文，下午除学习外，有时刻钢板、印传单，有时还要到工厂联络，上街散发传单。遇有纪念日，就参加游行。每当游行时走在前边举旗杆的经常是我们这些人。那时做工并不多，只是帮助上海共产主义小组编辑出版的《劳动界》《华俄通讯社》等刊物做过抄写校对工作。[11]

在华林的叙述中，学员们在新渔阳里“没什么活动”，而萧劲光则提到印传单和发传单等事，似乎两种说法又有所不同。不过萧劲光也说“那时做工并不多”，其实与“没什么活动”意思很相近。两条材料相对照，就可以得出结论，当时的外国语学社，主要活动就是学习俄语，为留俄做语言方面的预备工作。至于革命活动，则还未甚开展。曹靖华在回忆中说，除了学习，“我们还参加一些革命斗争活动，如‘五一’节散发传单，号召工人起来反对帝国主义侵略，反对资本家剥削压迫，等等”。大体就是如此。

不过，即使如此，新渔阳里6号仍然引起过法租界警察的关注。

1921年4月30日《民国日报》刊登了一则题为《法捕房搜外国语学社》的报道：

> 前晚五一纪念筹备会，借霞飞路渔阳里外国语学社，讨论筹备纪念，被法捕房包探知悉，认为秘密集会，当夜报告捕房，昨日下午一时，捕房即派三人及二包探到社细密搜查，仅携私人之小册一二本，及工人所遗在社之五一纪念日传单数张而去。

这则报道提到有个纪念五一劳动节的筹备会借外国语学社开会讨论纪念问题。这个筹备会究竟是什么来头，已经不容易说清。不过有一点很清楚，它与此时陈独秀等人发起的工人运动组织有关。在党史上，说起工运不得不提的是1920年李中等人发起的上海机器工会。它是共产党早期组织领导的第一个工会。

1920年10月6日，上海《申报》有一则《机器工会开会记事》的新闻，节录如下：

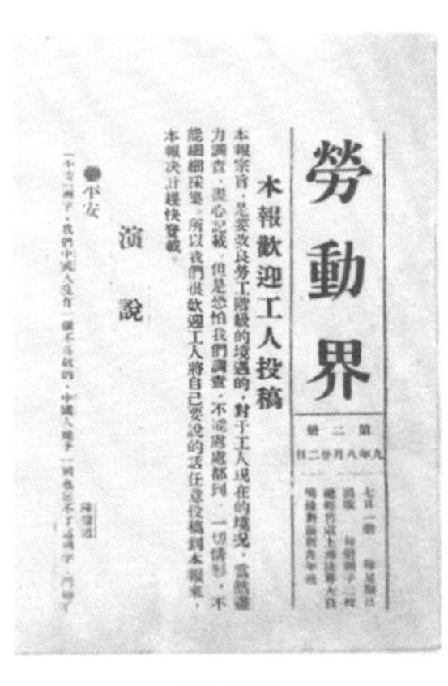

勞動界

第二冊

九年八月廿二日

本報歡迎工人投稿

本報宗旨，是要改良勞工階級的境遇的，對于工人現在的境況，當然盡力調查，盡心記載，但是恐怕我們調查，不能處處都到，一切情形，不能細細探案。所以我們很歡迎工人將自己要說的話任意投稿到本報來，本報決計趕快登載。

演說

《劳动界》

本月三日五时至七时，上海机器工会假法租界霞飞路渔阳里六号外国语学社开发起会。各工厂发起人到八十人，外有参观者六人。当由筹备会书记李中为临时主席，先报告发起宗旨。略谓：本会宗旨无非谋本会会员利益，除本会会员痛苦，但是办到此宗旨甚不容易，其大端为诸友言之：第一，莫使本会渐渐变了资本家的工会；第二莫使本会渐渐变了同乡的工会；第三，莫使本会渐渐变了政客与流氓的工会；第四，莫使本会渐渐变了不纯粹的机器工会；第五，莫使本会变了挂空牌的工会。……次谓：吾们发起此会，系机器工人八十人，

第　二

1920年10月6日《申报》发表《机器工会开会纪事》

李中像

> 吾们办的是机器工会,机器工人以外的人当然不便加入,今日除发起人外,又承陈独秀、杨明斋、李汉俊、李启汉、王平、吴溶沧诸先生来会参观,本会发起同志表绝大的欢迎,并欢迎为名誉会员云云。

这段新闻表面上讲的是机器工会借外国语学社开发起会,陈独秀、杨明斋等人参观。背后则反映了陈独秀等人在组织工运问题上所做的一个尝试。李中(1897—1951),原名声澥,字印霞,湖南湘乡人。1913年秋,他考入湖南省立第一师范,成了蔡和森、毛泽东等人的同学。1918年夏毕业后,先是在一师附小教书,随后去上海,在一家古玩商店做帮工。受陈独秀的影响,接受了马克思主义,成为工人运动的积极分子。据说,正是在陈独秀的建议下,才改名李中。其后,他进入江南造船厂当钳工。1920年8月,李中在陈独秀的介绍下加入了社会主义青年团,不久又加入了共产党早期组织。这一年,上海共产党早期组织创办《劳动界》,在老渔阳里2号进行编辑工作。李中积极为该刊组稿、撰稿。1920年9月,他以造船工人的身份在《劳动界》发表文章,鼓吹成立工会组织。随后,在陈独秀等人的指导下,李中发起了上海机器工会。

这就不难理解为何机器工会借用外国语学社开发起会，也不难理解为何陈独秀等人会以名誉会员身份参会。

关于机器工会这个名字的由来，可以看陈独秀在此次会议上的一段讲话：

> 现在世界的工会，只有三个团体很有势力。第一就是矿工，第二就是铁道工，第三就是机器工。这三个团体要是澈底联络了，那就社会上一切物件都受他底支配，就是政府也不得不受其支配。我听说有七八十个机器工人发起这个上海机器工会，算得上一个很好的事。

机器工会对应的是近代机器化生产观念。在陈独秀的认知中，机器工会是世界上最有势力的三个工人团体之一，另外两个分别是矿工和铁道工。这种理念在早期中共领导的工运中有很清晰的体现，像安源路矿罢工、开滦五矿罢工和京汉铁路罢工，无不在陈独秀所说的三个团体之内发生。上海因为机器工业最为发达，因此机器工会就在此应运而生，成了中共工运史上的第一个工会组织。

陈独秀等人同机器工会之间的关系很快就引起官方的注意。据《申报》1920年10月16日刊登的一份电文称：

> 何丰林电：社会党陈独秀来沪勾结俄党，与刘鹤林

上海机器工会纪念雕塑

在租界组织机器工会，并刊发杂志，鼓吹社会主义。已饬军警严禁。

何丰林时任淞沪护军使，是皖系军阀卢永祥部下。从电文内容看，他已经获得维经斯基及陈独秀在沪活动情报。这毫不奇怪。自十月革命后，中国报界即盛传俄国“过激党”来华活动的消息，因此北洋政府及各地军阀将来华俄人视为洪水猛兽，处处提防侦查。维经斯基在上海的活动，接触的人物本就驳杂，自然难以逃过何丰林的耳目。

有意思的是，10 月 20 日，上海机器工会在《申报》刊登来函，为此做了申辩。来函是这样写的：

昨阅贵报所载何使专电，称社会党陈独秀勾结俄党

何丰林像

> 及刘鹤林等，组织机器工会，及刊发杂志等语，本会阅悉，殊深诧异。本会章程非机器工人不得为会员，故本会全由工人李中等组织，刘鹤林及刘鹤龄均属普通会员，组织之事绝未与闻。至于陈独秀，既非工人，何能组织？俄党一非中国籍，二非工人，相去何啻霄壤，更何能加入组织？该电称陈独秀勾结俄党及刘鹤林等组织，无一字一句得其实际。

此时何丰林虽任淞沪护军使，但机器工会和陈独秀等人的主要活动点都在上海法租界，他实在是鞭长莫及。

从后来的报道可知，机器工会并未因此被查禁。11月中下旬，机器工会正式成立。在借上海公学开成立大会时，不仅陈独秀和杨明斋等人到场，孙中山、胡汉民、戴季陶等国民党要人也前往助阵。在会上，孙中山发表演说，谈机器与资本势力的关系以及三民主义，滔滔不绝地讲了两个小时，以至于胡汉民、戴季陶和杨明斋等人的演说不得不临时取消。

回到1921年五一前夕的那条新闻报道。法捕房事前在新渔阳里6号查到传单，虽可以解释为工人团体借此会场开会时所遗留，但传单的发现势必加重捕房的疑心。

巡捕的搜查事件预示了未来中共革命道路的艰辛。新渔阳里的这群年轻人，其后不知面对多少大风大浪。但当时毕竟刚刚涉足工人运动，搜查行动虽只是一场小小的虚惊，也足以令人印象深刻。新中国成立后，许之桢对这个五一节回忆道：

> 我们印发了许多传单，预备在这里开会，岂知被法巡捕房注意了，派了许多包探来，比我们开会的人数还多。那时我们一批都是青年，还不大懂这些关子。后来得知四周都有包探监视我们，就把刚刚从别处送来的大批传单又赶紧搬运到别处去。包探进来搜查，他们也搞不清什么国际党和共产党，只把一批印有马克思像的书籍全部拿走了，说这是国际党的东西，另外还有许多《共产党宣言》，因为书上没有印马克思像，他们都不要。最初的《共产党宣言》是由日文翻译过来的。其实当时这里像克鲁鲍特金、无政府主义、安娜琪主义、工团主义，什么书籍都有，也不完全是共产主义的书籍。

第　二

天下為公

為新青年勞働號題

孫文

孙中山为《新青年·劳动节纪念号》题词:“天下为公”

过了一天，巡捕房又来搜查，他们看看都是些青年小伙子，也没有一个年老的或显要的人物，所以没有抓人，但把我们都关在这屋子里，不许吃中饭。[12]

包惠僧的回忆更把日期细化到组织五一集会后的第二天，时间同样是“正午”：

法国巡捕房派了四个武装巡捕、三个包打听（即暗探）和两个法国人到渔阳里6号我们的工作部，进行搜查，在楼上楼下搜查了两个多钟点。我们事前有准备，所以没有搜查出什么东西，最后他们问我们办的外国语学校为什么没有到工部局（当时租界上的市政机构）注册。我们答：还在筹备时期，筹备好了再办注册手续。他们打了一顿官腔，提出口头警告，才悻悻然离去。我们也算受了一场虚惊。李汉俊召开一次党员会议，他说：“背水阵的仗还可以打一下，空城计的仗是很危险的。目前我们在这里的人很少，又没有一个钱，实在不好办。”[13]

这则回忆生动反映了早期中共所面临的生存环境。在包惠僧的这段回忆中，可知法租界当局对新渔阳里6号的重点“关照”。工人团体、传单、集会和新渔阳里就这样形成了一个证据链，指向了俄共和陈独秀的联络，一如1920年

第　二

李汉俊像

《申报》刊载的何丰林电报所示。那时候,陈独秀还被纳入“社会党”名下,因为他曾公开以社会党自称。1921年时法租界巡捕房恐怕也不完全清楚陈独秀和他的朋友们的活动性质,他们能做的就是防微杜渐,尽量阻止一个工人阶级革命政党的问世。

兵马未动粮草先行。此时中国的共产主义运动,面临着一个巨大的问题是经费的筹措。包惠僧的回忆中提到李汉俊的一句话,“又没有一个钱,实在不好办”。经费问题实际上是困扰早期中共的一个非常现实的问题。陈独秀南下广州,李汉俊负责《新青年》等进步刊物的编辑和出版工作,便曾苦于经费无着。由此推及其他活动,很难不受经费制约。

新渔阳里6号外国语学社的运营,同样绕不开这个经费问题。在那则招生广告里,前来求学的学员需要支付学费,但这个学社开办的目的是选拔进步青年赴俄学习,从而为中国革命培养干部人才。既然不以营利为目的,自然对学生的学费问题就不能计较。根据后来一些学员的回忆可知,学社实际上并未按照广告上的标准收费,很多都是免费的。

那问题就来了,学社的经费从哪里来?

早期中共革命,在一定程度上受到过苏俄的资助。久而久之,这便不是秘密。但此时新渔阳里 6 号的活动经费另有来源。

据曾参加外国语学社的浙江人周伯棣回忆:

> 以前我和俞秀松是同学。我在杭州,因为父亲失业了,家中经济发生困难,俞秀松写信给我,叫我到上海半工半读,我就从杭州到上海,进了外国语学社学习俄文,记得我当时就和俞秀松两人住在亭子间里,俞秀松叫我管图书,每月有陆元工资。听说这笔钱是沈雁冰等同志的稿费,用这笔钱买了许多书,多余的就给我作工资。我就一面管图书,一面学俄文,准备到苏联去学习。[14]

此处单说周伯棣提到的工资和稿费问题,它其实就涉及外国语学社的运转问题。周伯棣因为是半工半读性质,每月可以得到 6 元工资。也因为这个缘故,他对经费来源问题就比一般学员更留意。他听说沈雁冰等人捐献稿费买图书并用余下来的钱给他发工资。此时从事文字工作的沈雁冰也是陈独秀在上海的朋友之一。

此外,据这段历史的见证者金家凤在新中国成立后回忆:

> 陈独秀筹组马克思主义研究会及社会主义青年团,

> 我也参加。见到陈独秀生活无着，贫苦之至，连活动费、招待费都没有。各地来人渐多（各省通缉的学生，尤其湖南人）。我捐出准备留法的费用6000银元，作为基本费用。[15]

金家凤此时还是个十七八岁的少年读书郎，尚无职业，但有幸出生在江苏吴县（今属苏州市）的一个大户人家，故而拿得出这一笔巨额赞助费。引文中没有直接提到这笔经费是用于外国语学社，不过所谓的"各地来人"，无疑指的是外国语学社的学员。不难推断，这笔捐款主要用在了外国语学社的运转上。

说到此处，不免令人好奇的是，为外国语学社慷慨解囊的金家凤，后来去哪儿了？为数不多的文献记录，为我们勾勒出一个政治生涯十分复杂曲折的历史人物。金家凤与陈独秀、李大钊、孙中山、蔡元培等政治人物颇有交游。他像许多革命青年一样同时拥有国共两党的党员身份。在安徽工作期间，与中共党内的同志发生过误会。大革命失败后，走向了国民党这边。1932年陈独秀在南京坐牢，金曾予以多方打点。抗战期间，金接近汪伪政权，为国共两党提供情报，曾在抗战末期被日军抓捕入狱，稍后获释。解放战争时期到香港经商，暗中为中共进行统战工作。1962年，因1952年的"罗斯陶"号轮船事件被广东省高院判定为"反革命罪"。1975年被特赦出狱，1979年移居香港，当年因车祸身亡。

重新说回经费问题。陈独秀曾告知贺民范赴俄需要经费每人 70 元,而秦抱朴说起初外国语学社承诺只需要 30 元。从这个数字不难推知,当时陈独秀、杨明斋等原计划有一笔补贴,但显然后来没有弄到经费,不仅大大裁减了人数,也提高了收费数字。后来出行时,据张学琅的报告说每人带了 100 元左右。但推动革命洪流滚滚向前的是激情和热血,这些才是近代无数仁人志士不顾艰难险阻前仆后继毁家纾难的真正动力。

二、渔阳里人物剪影

1921 年 4 月初,俞秀松先后两次在家书中提及将赴俄联络外国语学社的留学事宜。此后不久,学员们便开始分批次陆续北上赴俄。

秦抱朴在他的《赤俄游记》里提到:“次年的春天,各地陆续到沪的学生已有八十余人,但团体中的主持人骤将名额自五百名减至五十名。”这里提到的几个数字,尚无其他资料可以佐证。目前已掌握的通过外国语学社赴俄留学的学员有 30 余人,其中包括刘少奇、罗亦农、任弼时、萧劲光、曹靖华、吴葆萼、彭述之、廖划平、卜士奇、蒋光慈、谢文锦、陈为人、任岳、周昭秋、胡士廉、陈启沃、吴芳、傅大庆、韦素园、袁达时、柯庆施、汪寿华、许之桢、梁柏台、任作民、华林、秦抱朴、张学琅等。

(一)俞秀松

俞秀松,原名寿松,字柏青。1899 年出生在浙江省诸暨县正九都溪埭里(今诸暨市次坞镇溪埭村)。他的父亲俞韵琴是个秀才,是当地有名的教育家。1908 年,俞秀松进入其父创办的行余初级小学读书。1912 年就读临浦高级小学,开始阅读康有为、梁启超等人的文章。1916 年夏,俞秀松抱着“想把中国的教育大大地改造一番”的宏伟志向考入浙江省立第一师范学校。在这里,他开始接触到陈望道、夏丏尊、刘大白等师友,并有机会阅读《新青年》《觉悟》《学灯》等进步刊物。俞秀松对各种思潮、时事问题,经常刨根问底,被同学戏称“三 W 主义者”(英语 WHO、WHAT、WHY 的缩写)。

在浙一师就读期间,俄国十月革命的讯息也传入俞秀松耳际。和当时许多进步青年一样,他强烈希望了解十月革命,希望从中为中国的未来寻找新的出路。

1919 年,五四运动的浪潮席卷全国。身在杭州的俞秀松与宣中华等人领导组织了全市中等以上学校学生罢课、游行和抵制日货运动。10 月,俞秀松参与创办了《双十》半月刊(后改名为《浙江新潮》)。俞秀松担任刊物主编,为刊物撰写发刊词。在发刊词中,他号召“知识阶级里面觉悟的人,应该打破知识阶级的观念,投身劳动界中,和劳动者联合一致”。

俞秀松像

《俞秀松日记》(龙华烈士纪念馆藏)

第　　二

浙江新潮

《浙江新潮》

《浙江新潮》第 2 期刊载了施存统《非孝》一文。军阀政府视之为大逆不道的邪说，要求抓住罪魁祸首。这点燃了师生们的怒火，引发了轰动全国的浙江一师学潮。俞秀松因此被迫退学。被退学后，俞秀松在陈独秀、李大钊、蔡元培等的支持与帮助下于 1919 年底赴北京。在一封家书中，他向父亲如是解释道：“儿现在要做我自己的人，这事和儿前途有极大的关系，所以‘不告就去报名’。”[16]

1920 年 1 月，俞秀松加入北京工读互助团，以便“实验我的思想生活，想传播到全人类，使他们共同来享受这甘美、快乐、博爱、互助、自由……的新生活才算完事！”但遗憾的是，俞秀松的互助空想很快破灭，遂发誓不再试图做学问家，而“情愿做个‘举世唾骂’的革命家”。3 月，他离开北京，奔赴上海。先是在陈独秀、戴季陶、沈玄庐的支持下参加《星期评论》工作。随后到虹口东鸭绿路（今周家嘴路）厚生铁厂做工，并且“改名换服”，以示作“革命家”的决心。有一段时间，他每天奔走于《星期评论》社和厚生铁厂之间。他在日记中写道：“从工厂——厚生铁厂，在虹口东鸭绿路三百五十一号半——到《星期评论》社，都是走的，很快的速度，要走一点钟才到呢。”在做工期间，他制订了一个每日工作和学习的计划，包括读世界语和英语、看书阅报、做工、预备教材、记日记、通信和广交朋友等诸多内容。

在厚生铁厂的这一段经历，让俞秀松亲眼看见了工人阶级的疾苦，不禁感慨“中国底工人太苦痛了”，在日记中立志“要救中国最大多数的劳动群众”。经过两个月的工人生活体验，俞秀松总结了工人运动的两个办法。他在日记中如是写道：

> （1）我们提倡劳动运动的人，抛弃他所有的一切事务，先进工厂去做苦工，预备情愿吃几年苦痛，忍做几年马牛生活，惟工厂里底命令是听，拼命努力学习工作技能，总要学得很精很熟，可以进什么工厂里做个工头，而且要各厂主争聘不得的。在这个时期，到工厂去当工头或大司务，就可利用现在工人底弱点——旧观念——出来替他们组织什么团体，一定很有力量的。我们底同志，如有这样十人，在上海做事，那么成绩定

有可观的了；（2）我们提倡劳动运动的人，在上海先组织一个“工人俱乐部”，部里设备各种东西，如娱乐室、运动场、演说场、影戏场……等等，我们只要认识几个工人，就可叫他们辗转介绍来入这个俱乐部。我们在这个时候，就可施一种工人教育，改变他们底旧思想，灌输给他们一种新知识，渐渐地鼓吹起来，然后再组织各种的团体，来实现我们的劳动运动。[17]

在俞秀松的宣传鼓动下，厚生铁厂工人有了初步的觉悟。其后该厂与恒丰纱厂等进步工人共同发起了“上海机器工会”，这其中也少不了俞秀松的一份功劳。后来他在赴苏俄后所填表格中也曾自称1920年“在上海曾任工会教导员”。

1920年5月，陈独秀发起组织马克思主义研究会。俞秀松也是会员之一。6月，陈独秀、李汉俊、俞秀松、施存统、陈公培5人在老渔阳里2号开会商议，决定成立共产党组织，初步定名为“社会共产党”。8月在李大钊的建议下取消“社会”二字，更名为“共产党”。在上海成立的共产党早期组织，实际上是中国共产党的发起组织，是各地共产主义者进行建党活动的联络中心。

会后，施存统和陈公培分别远赴日本和法国，不久陈独秀也应邀赴粤，五个发起人仅俞秀松与李汉俊留沪。俞秀松后来回忆道：“陈独秀被委派负责四大城市（上海除外）成立我们的组织。我作为上海的领导成员之一,实际上是一个人承担了上海的工作。”[18]

1920年8月22日,上海社会主义青年团在新渔阳里6号成立,这是中国最早的社会主义青年团组织。俞秀松担任书记。

上海社会主义青年团在中国青年团的创建中起到了发起组织的作用,推动各地建立社会主义青年团。到1921年1月,上海社会主义青年团的规模扩大,达到200人。1921年3月,青年共产国际东方书记部书记谷林在给上海社会主义青年团发出的邀请信中称赞“上海的青年团是中国青年团中最好的一个”。受此邀请,俞秀松被推选为代表,赴俄参加在莫斯科召开的青年共产国际第二次代表大会。4月1日,俞秀松在北京发出一封家书,自称“我此番单独赴京,因为上海的朋友推举我为留俄学生代表之一,而且推举我为赴俄京第二次国际少年共产党的代表,所以要赶到会期四月十五日,不得不先走”。由此可知俞秀松是先由沪赴京,进而北上。其身份不仅是社会主义青年团代表,也是留俄学生代表,后者显然与外国语学社有关。在4月6日从哈尔滨发出的另一封家书中,他对此又有解释,说“上海我们的团体有派送学生留俄的事,我又被同志们推为留俄学生代表”。[19]

俞秀松在4月6日的信中还提到要在俄国“求些知识以弥补我的知识荒”。在先后参加完青年共产国际二大、共

第　二

1931 年 9 月，俞秀松在莫斯科寓所学习

产国际三大后，俞秀松如愿与其后陆续赶到莫斯科的外国语学社成员共同加入莫斯科东方大学。不过 1922 年春即奉命回国，在杭州、上海、广州等地参加党的工作。1924 年俞秀松再次回到上海，1925 年参与领导五卅运动，其后率领一批青年赴苏联莫斯科中山大学留学，任中共旅莫支部委员。

1935 年，俞秀松受共产国际委派，到新疆帮助新疆督办盛世才建设新疆。1937 年被诬入狱，1938 年被押送苏联，1939 年蒙冤而死。1962 年，俞秀松冤案得以昭雪，中央人民政府向其家属颁发“革命牺牲工作人员家属光荣纪念证”。

萧劲光像

（二）萧劲光

开国大将萧劲光在他的回忆录中非常生动地记载了少年时代与任弼时来外国语学社求学前的心路历程，极富可读性，摘录如下：

> 一九二〇年夏天，学校放暑假，我和弼时同志商量好不回家，找事情做。这样可为家里节省一点路费，更重要的是再有几个月就要毕业了，必须为毕业以后的出路想办法。在那个社会里，父母送子女上学的确不容易，毕业以后家中就可望得济。假如再回家吃闲饭，一顿两顿尚可，吃长了家里人就面有难色，自己也不好意思。眼下我们两人面临的共同境遇是，依靠家中资助继续升学显然不可能，只有尽快地谋个职业以自立。我们白天结伴而行，夜晚共宿一舍，反复商谈着。我们想毕业以后只谋个小职业，混碗饭吃，太不甘心了。记得

有一天，我俩在街上经过一个画像馆，弼时同志看了外面挂着的画像，胸有成竹地对我说，“这种画我们也可以画。画一张画可以挣不少钱，就不会饿肚子了。”于是，他立即买了一点碳墨和纸，回到宿舍我们就画起来了。弼时画画很有天赋，第一张就画得很好，第二张画成时，拿到画像馆去与那里挂着的画像对照，竟比那家画像馆的画还要高明。而我则画得不如他。直到后来弼时同志被派到武汉为党做地下工作时，还以画像为掩护。记得弼时同志发现自己的绘画才能时说，虽然社会职业对于一个刚刚从学校出来的学生都是关闭的，但凭一技之长似乎也不难活下去。但是我们当时苦恼的并不是找这样的一条出路。

青年人总是有理想的，我们不愿在内忧外患的国度里，做任人宰割的牛马，做一个仅仅为了谋生而活着的人，而想寻找我们理想中的最好的出路。那时我们所向往的是效仿前几批留法勤工俭学的学生，到国外去见见世面，一边工作，一边求学，以寻找救国救民的道路，来改造这不平等的社会。可是当时赴法勤工俭学已经不派了，只得另外寻找出路。有一天，弼时同志从街上回来，看到我高兴地说：“有办法了，有办法了！”我忙问他有什么办法，他说：“我们到俄国去。”我听后十分激动。弼时告诉我，他听同乡任岳说，长沙组织了一个俄罗斯研究会，听说准备送一些学生去俄国勤工俭学。任岳在船山中学读书，认识那里参加组织俄罗斯研究会的校长“贺胡子”，可以通过他介绍参加俄罗斯研究会，还可以争取去俄国。弼时同志当时是学生运动的积极分子，结识了不少革命前辈和同志。一九二〇年八月，毛泽东、何叔衡、方维夏等同志在长沙筹办俄罗斯研究会。方维夏、何叔衡当时都是湖南教育界的知名人士，出面组织这种表面看来是学术性的团体比较有利。也算碰得巧，正当俄罗斯研究会筹备组织之时，弼时和我及时找到了线索。那天中午，天气很热，我们躺在宿舍的床上，辗转反侧，兴奋得睡不着。去不去？还有几个月就要毕业了，文凭还要不要？商量来商量去，两人都横下一条心，去！文凭不要了。我们立即找到任岳，通过船山中学校长贺民范的关系，提出申请，填了表，加入了俄罗斯研究会。当时俄罗斯研究会的书记干事是毛泽东同志。这个研究会“以研究关于俄罗斯之一切事情为首”，会务有三：“一，从事于俄国一切事情之研究；以研究所得发行俄罗斯丛刊；二，派人赴俄从事实际调查；三，提倡留俄勤工俭学。”在俄罗斯研究会，每周组织几次讨论会、报告会。记得毛泽东同志搞了好多题目，准备系统介绍俄国革命情况。那时毛泽东、何叔衡、方维夏等同志，已是湖南负有盛名的社会活动家了，是我们的长辈，而我们还是一帮初出茅庐的青年娃娃，所以只是钦佩他们，听过他们讲课，没有更多的接触。我们在俄

第　二

> 罗斯研究会听了几次课，初步知道了俄国革命是建立工农当家做主、没有压迫剥削的社会。要想实现这样一个平等的社会，就要像俄国那样进行革命。没过多久，也是在八月份，俄罗斯研究会准备派第一批学生赴俄勤工俭学，我和弼时同志都被选上了。和我们一批的共六个人，还有任岳、周昭秋、胡士廉和陈启沃。
>
> 赴俄决心下定，我们各自筹措路费。我回家后便和母亲、大哥商量。母亲虽然舍不得我漂洋过海，远走他乡，但禁不住我反复解释和大哥的支持。她也深知，儿子继续升学已不可能，自己能帮助儿子选择的出路无非是找个地方当学徒。出洋既可以做工，又可以继续读书，或许是一个更好的出路。谁都希望自己的孩子将来有出息。就这样，母亲最后还是同意了。她又一次当掉陪嫁的那枚金戒指和家中值点钱的东西，把姐姐绣花换来的一点钱也全部拿出，大哥又帮了一些，共凑了三十元钱。弼时同志困难更大。他是独子，离家远去，母亲无人奉养，路费就更困难了。但这些都不能动摇我们追求理想的决心。我们都说服了家里，做了妥善的安排。这样在俄罗斯研究会的安排和帮助下，应着时代的呼唤，我们迈开了走向革命的第一步。[20]

在上述引文中，萧劲光反复提到“出路”这个词。这恰恰也是外国语学社的青年学员们所面临的一个共同的也是最急迫的问题。一直在为学业问题奔走的柯庆施在赴俄前夕的家书中写道:“出国问题,儿终究总要做到。因为这种事情,与儿一生有绝大关系。”柯庆施这一时期的日记豪气干云,足知他考虑的不仅仅是个人的关系。就像当年宋教仁躺在日本的病床上,想到自身和国家命运两无着落,不禁大哭一场。萧劲光也是如此,一边思考着自己的出路,一边也为国家的未来而焦虑。此时的萧劲光 17 岁,任弼时 16 岁。17 岁的萧劲光不甘心做个学徒,16 岁的任弼时也不满足于做个画师。只不过技不压身,画画成了任弼时后来为革命活动打掩护的一门手艺,也是一段佳话。

1921 年 5 月 4 日,萧劲光与刘少奇同批由上海乘“升孚”号出发,并于三个月后就读东方大学。1922 年初,萧劲光以团员身份填写了一张调查表。在调查表中,他表达了学习军事以进行革命的意愿,于是后来被调往军校学习。

在回忆录中,他写道:

> 国内革命斗争形势的发展迫切需要干部,我们在东方大学学习的同志陆续应党中央的召唤提前回国。刘少奇、罗觉、彭述之、卜士奇、瞿秋白、李宗武、任弼时等都比我走得早。他们回国后,大部分都在中央担任了工作。一九二四年春,我和任岳、胡士廉、周昭秋等同志一起动身回国。为了安全起见,我们还是化妆分散行动,按照来时的路线,乘火车西行,到海参崴换乘轮船,经

日本长崎到上海，回到了离别三年的祖国。

到了上海以后，我按照预定的地点和联络员接上头，通过联络员和上海党中央发生联系，党组织随即分配我回湖南工作，这样，我便回到了故乡长沙。在长沙与湖南省委接上关系后，我立即回家探望我日夜思念的母亲，不幸的是我那受尽磨难的母亲在两个月前已经去世了。[21]

其后，萧劲光奉命到安源参加工运，与昔日外国语学社、东方大学的同学刘少奇、胡士廉、任岳等同学并肩战斗。五卅运动发生后，萧劲光为声援工运重返上海这个开启他人生梦想的城市。随后不久，又与毛泽民一起南下广州，加入国民革命军，从此开启了光荣的军旅生涯，并逐渐成长为中华人民共和国的开国大将。

（三）曹靖华

著名翻译家曹靖华也曾在回忆中提到他与外国语学社的结缘：

1920年5月，我出席全国学联第二次学代会后，由上海回到开封，参加完毕业考试后，便结束了我的中学生活。当年，富家子弟中学毕业后，大多投考大学预科两年，再入本科四年，而我因无钱继续升学，又遇家乡

曹靖华像

> 大旱，盗贼蜂起，山路阻断，回家无门，决心南下，去上海谋生。
>
> ……在安徽，我结识了一些进步人士。不久，我又从当时在芜湖五中执教的蔡晓舟的信中得知上海新创办的外国语学社正在招生，他建议我去投考。1920年底，我辞去教职，第二次来到上海。[22]

曹靖华第一次来上海，是为了谋生；第二次来上海前他已有教职，显然是为了获得更理想的人生出路。正是这种追求上进的内在冲动，让他的名字写进这段波澜壮阔的大历史。

曹靖华回忆第一次来上海又离开，是因为在上海从事的校对工作并非所好，所以在蒋光慈和韦素园这两个安徽人的推荐下，去了安徽教书。但这份教书的工作仍未捆住他想要飞翔的翅膀，于是在蔡晓舟的建议下有了第二次上海之行。说到蔡晓舟，就像萧劲光回忆录中提到的“贺胡子”贺民范一样，是早期中共社交网络中的一个节点。蔡晓舟与陈独秀有同乡之谊，后来在陈落难南京之时还曾发公电呼吁蔡元培等社会名流营救。

需要指出，在这个革命的核心网络当中，传统的同乡关系发挥了相当重要的作用。在外国语学社，湖南、浙江、安徽等省籍的人居多，且都各有渊源。曹靖华提到的蒋光慈和韦素园，便出现在外国语学社的学员名单上。曹靖华还提到这些学员“按籍贯划分成湖南、安徽、浙江等几个小组，分散居住”，显然也是为了照顾这种传统的自然形成的关系脉络。后来，上海大学有许多陕西学生，也与校长于右任是陕西人有关。

以上所述人物，仅是选取了他们人生中与渔阳里有关的片段，尤其侧重于他们来此求学的历史机缘。不难发现，他们都是为寻找“出路”才不约而同地选择了新渔阳里 6 号。对于外国语学社这群来自五湖四海的有志青年而言，这里是他们人生的起航。

曹靖华与刘少奇、萧劲光等同批赴俄并入读东方大学。但不久即走上了不同的人生道路。1922 年，他与韦素园、吴葆萼等一行六七人乘船回国。年底，曹靖华接到韦素园的北京来信，成为北大俄语系的一个旁听生。最终曹靖华成长为一代著名的俄语翻译家，代表作有《铁流》等。鲁迅把无产阶级文学视为“火与光”，把译介苏联文学比作“给起义的奴隶偷运军火”。借用鲁迅这个比喻，曹靖华和他的外国语学社的同学们便是不远万里不辞艰辛前往莫斯科偷运天火的普罗米修斯,他们带来的火光,即将照亮近代中国的漫漫长夜。

(四)张学琅

参加外国语学社的张学琅在中共党史上是一个不大为人所知的名字,关于他的文献资料,留世的极少,我们对他生平的了解主要来自地方文史资料中的一篇人生自述。这段自述里如此提到他与外国语学社的结缘:

> 我一九〇八年起读私塾,一九一二年休学,这年我岳父(我小时就订了婚)钟希竹从日本留学回家,见我失学,便于一九一三年将我带往常宁县水口山(他在南路实业学饺教书),读了一年小学。岳父常把清朝腐败,中国受外国压迫的史事讲给我听,使我幼小的心灵中有了对洋人横暴侵略行为的仇恨。一九一四年岳父远去云南,我便回家在大同镇高小读书至毕业,又在乡下读了一年私垫。一九一七年下期,我瞒着母亲去长沙,进了船山中学。该校国文老师是贺民范,思想进步,他把订阅的《新青年》杂志给我看,对我启发很大。在五四运动的激励下,我开始参加实际的革命活动。如宣传、抵制日货,参加学生会,驱逐张敬尧等。一九二〇年上半年,贺民范老师得到了上海有留俄勤工俭学名额的消

第　　　　二

莫斯科中山大学

息，便介绍我前往上海，参加上海外国语学社，学习俄语和政治经济学。任教的都是当时的知名人士：如陈独秀、李达、陈望道等。是年冬，在陈独秀与杨明斋等领导下，以外国语学社三四十个学生为基础，组织成立了社会主义青年团，我也参加了青年团。一九二一年春，青年团选送第一批留俄学生共三十余名，我在被选之列。我们从海参崴出发，到达伯力的，只有十八人，经过漫长艰苦的旅程，最后到达莫斯科，进入东方劳动大学学习。学习中，由瞿秋白、李仲伍两同志任翻译。这年冬季，我由罗亦农、彭述之两同志介绍入党，并参加学校联共党的支部会议。

后来，张学琅和刘少奇、曹靖华等人，随张太雷、张国焘

湖南特産

現代思想

1922 年长沙《大公报》发表蕴良《游俄通信》，蕴良即张学琅

回国。特别值得一提的是，张学琅在回国参加党的革命工作后，与上海结下了不解之缘。一开始他就回到上海，被党中央安排在中国劳动组合书记部工作。后与邓中夏同往北京，改任事务员，担任中央文书工作，指导铁路工人运动。二七惨案后，党中央在京压力骤增，决计迁回上海。张学琅带着中央的文卷印信，最后一批离京到沪。据他回忆：

> 到沪的那天（记得是一九二三年二月下旬），我去《向导》周报上海推销处接头时，与韩伯画同志一同被捕，关在龙华警备司令部，在牢房见到了李启汉同志。一九二四年春我妻的姑父曾杰（又名伯兴，在上海大学教课）请上海大学校长于右任出面，保释出狱。不久，韩伯画和李启汉俩同志也被保释。

这年春天，张学琅奉命回湘，到家不上半月，又接省委通知，被派往安源工作。当时党在安源的负责人是刘少奇。张学琅担任工会文书兼工人成人班教员。但就在同年七月，经省委同意，他又回到了上海，在中央任事务员。其后，张学琅经历了 1925 年“五卅”惨案。在五卅运动中，中央调他去上海总工会做配发罢工工人救济及捐款收兑的工作。中共正在领导五卅运动蓬勃开展的同时，自身也得到了巨大的发展，但风险也难以避免。张学琅忆称：

是年八月军阀张宗昌受英、日帝国主义的唆使，将上海总工会封查，大肆捕人。住在总工会的同志全部被捕，我因在外住宿得免。我在总工会改名张向阳，也被悬赏通缉。上海总工会封查的第二天，我将存在身边的救济捐款七百余元交送中央时，中央要我赶快躲藏起来，我乃往上海医院伪装病人躲住了月余，才免遭毒手。之后，中央成立全国总工会，我任该会干事。[23]

1926年，中央由上海迁驻汉口，张学琅趁此机会，再度申请去苏联求学，经中央同意，于1927年春，护送一批赴莫斯科中山大学的同学，一同出国。

1929年春，张学琅再一次回到上海。王若飞代表中央与他谈话，派其到河南省委工作。就在手续均已办妥正待出发时，湖南省委书记宁迪卿到沪，向中央要求将张学琅调湖南省委担任组织委员和秘书工作。

此后，张学琅的革命故事还在继续。1931年宁迪卿被捕后变节，将他供出。不久张学琅被捕入狱。出狱后，张学琅的思想陷入了“彷徨而消极”的状态，转而居家从事地方社会的公益活动。

从1920年到1929年，张学琅在上海几进几出，充分表明了上海在早期中共党史上的特殊地位。年轻时代来上海寻找出路，然后从上海奔向海外，再回上海进行革命，继而因为革命需要在全国各地奔走往还，这样的例子不胜枚举。

（五）罗亦农

相比上述几位历史人物，那些在革命岁月英勇就义的勇士，他们大多没有机会留下自传和回忆录，但他们的生平事迹往往更为惊心动魄，可歌可泣。罗亦农就是一例。

据郑超麟的回忆："第一次见到他时，他戴一顶厚帽子，身上衣服比别人多，高而瘦，皮肤苍白，嘴极大，尤其当说话的时候，唇红，牙齿很大，见人先来一阵哈哈大笑，然后沉起脸来同你说正经话。"[24]

郑超麟回忆中的这个初次相见的场景发生在莫斯科东方大学。当时罗亦农已经成长为东方大学中国留学生的领袖人物。郑超麟这段描述使我们能看到一个最具生活化的革命烈士罗亦农的形象。

罗亦农，湖南湘潭人。1902 年出生在一个富裕家庭。其父罗子厚当过团总，管过公堂，后做谷米生意；还曾与人伙开过一家杂货铺。和许多小孩子一样，罗亦农从小崇拜古代英雄人物，曾在一本魏碑字帖上写下了"铲除恶势力"五个大字。他少年时，因为反感父亲的刻薄，曾在自家门口贴了一副对联："存得天良，蒙庆受福；放开眼界，创业成家。"有人曾提到罗亦农不喜欢谈及自己的身世，大概也是出于与父亲的隔阂。

1916 年，14 岁的罗亦农考进了湘潭益智学校。这是美国人办的一所教会学校，课程以讲授英文和神学为主。充

罗亦农像

满叛逆性的罗亦农无法忍受教会学校对学生活动的束缚，于 1917 年底毅然退学。1918 年，他曾数次到省城长沙求学，均铩羽而归。1919 年春节，家人为他完婚。但几个月后，他毅然摆脱了婚姻的束缚，只身投奔上海。

罗亦农到上海后，先在一所中学念书。其后由于家人中断其财源，被迫到法租界一家小报馆当校对工。在报馆里，他有机会阅读《新青年》《劳动界》等杂志，初步了解了马克思主义。此后，他得知陈独秀的住址，几次往老渔阳里 2 号登门拜访。此时正广揽英才的陈独秀遂介绍他参加了工读互助团的活动。

大致在此前后不久，罗亦农也先后加入外国语学社和社会主义青年团。

1921 年春节期间，罗亦农从上海还乡筹措赴俄留学的路费。此时其父因经营不善，濒于破产。但就像任弼时等人的父亲一样，罗子厚认为出国留学是个光宗耀祖的好机会，便给了他 100 块银元；岳父也接济了他 50 块银元。加上其他亲友的资助，罗亦农筹集了 400 块银元，重返上海。在这

第　　　二

DALNY & VLADIVOSTOCK

YUNGSHIN, Apr. 11. VLADIVOSTOK.—The Mail s.s. Yungshin, Capt. Poolga, will be despatched from Shanghai via Nagasaki on Monday, the 11th instant. The tender conveying Mail and Passengers will leave the French Mail Jetty on Monday, the 11th April, at 2 p.m. For Freight or Passage apply to L. V. Lang, No. 8 French Bund (Telephone C. Nos. 4702 and 3059). 3361 11-4

KOBE MARU, Apr. 16. TSINGTAO and DAIREN.—South Manchuria Railway Co.'s s.s. Kobe Maru, Captain H. Yajima, will be despatched from the Co.'s Whangpoo Wharf on Saturday, the 16th instant, at 1.30 p.m., to connect with South Manchuria Express and International Train de Luxe and the Russian State's Express for Europe. Through Bills of Lading are granted to Port Arthur, Newchwang, Mukden, Changchun, Kirin, and other Inland Points in Manchuria which are reached by the Co.'s Railway Lines as well as Seoul and Chemulpo, in Korea. The launch conveying passengers will leave the Customs Jetty at 3.30 p.m. on the sailing day. For Freight and Passage apply to South Manchuria Railway Co., Shanghai (Passenger Telephone Central No. 4207 and Freight Telephone Central No. 4209). 3741 16 4

1921 年 4 月 11 日《字林西报》刊载“甬兴”号当天赴海参崴广告

年 4 月 11 日，春暖花开之际，他与华林、张学琅等人登上了开往海参崴的“甬兴”号轮船，乘风破浪，开启了一段可歌可泣的革命历程。

在进入莫斯科东方大学之后的当年冬天，罗亦农同刘少奇等人由团员入党。在东方大学中国班，罗亦农还担任党团组织的支部委员，是当时的学生领袖之一。1925 年，罗亦农从俄国归来，即奔赴广东投身革命工作，其后于 12 月回到上海，任中共上海区委（江浙区委）书记。

当时中共上海区委（江浙区委）机关设在施高塔路恒丰里（今山阴路 69 弄 60 号、70 号）。在此曾先后举办五六期各基层党、团组织及工会负责人训练班。罗亦农亲自为学员

汪寿华像

莫斯科东方大学,全称莫斯科东方劳动者共产主义大学

讲述马克思主义基本知识、当前的局势和任务等。罗亦农还经常到上海总工会及下属工会、上海大学、上海学联等处进行思想动员。

1926 年 8 月,正值北伐战争气势如虹之际,中共上海区委(江浙区委)根据中央指示,成立上海军事委员会,准备领导上海工人武装起义。军委会以基层工会为单位,落实工人纠察队的组织建设,指派一批既有政治觉悟又有一定枪械知识的同志为教官，秘密进行武装训练。当时复兴中路华冠里就设有一个训练点。主要负责训练法商电车电灯自来水公司的工人纠察队员，罗亦农多次到此进行指导。

随着北伐军逼近江浙，中共上海区委（江浙区委）于1926年10月24日和1927年2月23日，在上海组织了两次工人武装起义，遗憾的是均遭失败。但中共随即重整旗鼓，1927年2月23日，中央、上海区委（浙江区委）联席会议决定，在停止第二次武装起义的同时，准备第三次武装起义，成立以周恩来、罗亦农、赵世炎、汪寿华等八人为委员的特别委员会，作为起义的最高领导机关，并成立了以周恩来为首的特别军委。

3月中旬，北伐军先头部队逼近上海市区，原驻上海的军阀李宝章部悄悄撤走，由山东调来的毕庶澄师接防。周恩来、罗亦农、赵世炎等判断时机已经成熟，决定全力组织总同盟罢工，举行武装起义。21日凌晨，中共上海区委（江浙区委）委员、各部委书记召开紧急会议。会上，罗亦农代表区委发布命令："今天正午十二点，全市实行总同盟罢工，并同时举行武装起义。"此次起义，由周恩来担任总指挥，赵世炎任副总指挥，罗亦农负责联络和处理机关事务。12时，上海80多万工人总罢工开始，各路工人武装对敌警署和兵营发动袭击。经过两天一夜的激战，工人武装占领上海，起义宣告成功。罗亦农发表慷慨激昂的讲话，宣称："现在的上海，再不是帝国主义、北洋军阀的上海，也不是无聊政客、右派们的上海，是我们自己的上海，是工人阶级的上海了！”

但随即蒋介石发动政变，革命形势急转直下，罗亦农被迫离开上海，前往武汉。随后又辗转于江西和湖北各地继续革命工作。1928年初，中共中央撤销长江局，罗亦农重返上海工作。

4月15日上午，罗亦农来到公共租界爱文义路望德里1239号半（今北京西路1060弄内）的中共中央临时政治局秘密联络点，准备与山东来的同志接谈工作。不料负责掩护联络点的何家兴夫妇叛变投敌。罗亦农进屋后，何家兴偷写了一张便条，令保姆送给站立在戈登路（今江宁路）爱文义路口的华捕。随后，巡捕冲进屋子，用手枪对准了罗亦农。

不久，罗亦农被引渡给国民党淞沪警备司令部，被捕不到一周即慷慨就义。在他牺牲后，当时中国共产党的机关报《布尔塞维克》如是撰文哀悼：

悼罗亦农同志！

罗亦农同志，于四月十五日在上海被捕，二十一日被害了！

中国无产阶级失去了一位最热烈的领袖，中国共产党失去了一位最英勇的战士。

罗亦农同志湖南人，为中国共产党最早的党员之一。他于一九二〇年即到莫斯科东方大学，初为学生，后二年则为中国班的教授。他于一九二五年四月回国，

第　　二

悼羅亦農同志！

羅亦農同志，於四月十五日在上海被捕，二十一日被害了！

中國無產階級失去了一位最熱烈的領袖，中國共產黨失去了一位最英勇的戰士。

羅亦農同志湖南人，爲中國共產黨最早的黨員之一。 他於一九二〇年即到莫斯科東方大學，初爲學生，後二年則爲中國班的教授。 他於一九二五年四月回國，參加廣東黨部及北方黨部的工作。 同年十月他調到上海來，爲中國共產黨江浙區委員會書記。 從那時起直至一九二七年有名的上海暴動，他實際是上海革命運動的組織者。 同年四月他赴武漢代表江浙區參加中國共產黨第五次全國大會。 會後他被調至江西省委員會爲書記。 武漢反動起，他又被調至湖北省委員會爲書記。 同年八月七日中國共產黨中央臨時會議，他被選爲臨時中央政治局委員之一。 十一月他又被推舉爲中央組織局主任。 至本年四月竟及於難！

羅亦農同志的熱烈的革命精神，可爲中國共產黨全黨黨員之模楷。 反動派頭棒陳等提起羅亦農三字爲之齒戰！！ 他的死是莫大的損失！ 中國無產階級牢記住他的領袖，將爲他的領袖報仇

《悼罗亦农同志》(《布尔塞维克》1928 年 5 月 30 日)

> 参加广东党部及北方党部的工作。同年十月他调到上海来,为中国共产党江浙区委员会书记。从那时起直至一九二七年有名的上海暴动,他实际是上海革命运动的组织者。同年四月他赴武汉代表江浙区参加中国共产党第五次全国大会。会后他被调至江西省委员会为书记。武汉反动起,他又被调至湖北省委员会为书记。同年八月七日中国共产党中央临时会议,他被选为临时中央政治局委员之一。十一月他又被推举为中央组织局主任。至本年四月遂及于难!
>
> 罗亦农同志的热烈的革命精神,可为中国共产党全党党员之模楷。反动派吴稚晖等提起罗亦农三字为之齿战!他的死是莫大的损失!中国无产阶级牢记住他的领袖,将为他的领袖报仇![25]

"慷慨登车去,相期一节全。残躯何足惜,大敌正当前。"这是罗亦农被捕后在狱中写下的绝命诗。罗亦农短暂的人生,真可谓充满了战斗精神。

(五)陈为人

相比罗亦农,接下来陈为人的这段故事里没有流血牺牲,却有着另一种厚重。

陈为人原名陈蔚英,曾用名陈洪涛、陈涛、张明、张敏、张道立、张道惠等。1899年生于湖南省一个贫苦的农家。幼年时帮人放牧，饱受富家子弟的欺凌。幼小的心灵里早早埋下了反抗的种子。

1920年夏，陈为人来到上海，等待机会赴法留学。但不仅出国之事毫无音信，生活费也告罄。在窘境之中，陈为人结识了李启汉等年轻人，通过他们的介绍，和罗亦农一样，相继参加工读互助团、外国语学社。还参与筹组中国社会主义青年团。

1921年春，陈为人先期赴俄，为后续的主力成员探路。等他坐马车到达满洲里之时，已经身无分文。无奈之下，"只得写了纸条夹在被子里，留在马车上抵作力资，与车夫不告而别"。几经周折到达莫斯科后，加入东方大学。1921年底即回国参加革命。他曾以如下誓言记下了当时的决心："自有我身受尽艰难，几因环境压迫痛哭伤神。然不牺牲奋斗，何以解决本身问题，何以战胜黑暗社会。今敢先自誓曰：此后唯愿以乐为苦，以苦为乐，若因困难思退，不待他人谴责，则自当愧死。"[26]后来，陈为人的这段誓言在他执行一项特殊的使命中体现得淋漓尽致。

1921年底，陈为人回国，先是在北京参加工运，1924年到上海，年底再次奉命赴京，1929年再次调到上海，1932年开始执行一项特殊使命：为党保管中央文库。据说陈为人在接到这一任务后曾发誓：以生命来保护党的文件；一旦发生危险，如无法挽救，就放火烧毁楼房，誓与文件俱焚。

陈为人像

中共中央文库遗址,位于小沙渡路合兴坊(今西康路560弄)15号,现已拆除

最终,陈为人不辱使命,文件安然无恙地保存下来。

表面上有惊无险,背后则饱尝艰辛。陈为人的妻妹韩慧如作为此事的亲历者,在一篇《回忆陈为人烈士》的文章中为我们讲述了一个幕后英雄的日常生活:

他们当时伪装成富商家庭。白天,表面上要显得阔气、悠闲，但到了晚上，往往通宵达旦地整理文件。他们要把厚纸上的字抄到薄纸上，把大字抄成小字，把空白纸边剪下来等，目的是尽量减少存放面积、缩小目标，避免敌人耳目。调出与送进文件，都由慧英和一位代号张老太爷单线联系，为人本人不出面。张老太爷那里是慧英唯一的联络地点。如果他们在家里遇到了任何陌生人，哪怕是没有工作关系的同志，就得马上转移，以确保文件绝对安全。碰到转移，最担风险的是要搬动二十多箱文件。但几次转移，为人都顺利地完成了任务，保管文件的机关始终未遭到过破坏。

一九三五年二月，由于叛徒告密，敌人在一晚上破坏了我党八个活动地点，张老太爷的住处（雷米路文安坊六号）也被破坏，张等被捕。当慧英送文件去时，被等候在那里的特务抓住了。她机警地马上改名，说是走错了人家，并且乘敌人不防备时，把文件塞到别处，但最后还是被捕入狱。

慧英被捕，为人和党组织中断了联系。他马上搬家，转移文库，用三十元银元的高价租了一幢楼房（小沙渡路合兴坊十五号）。为了不觅铺保，只好答应房东按规定时间付清房租，先付后住。那时，他还得照顾五岁、三岁、一岁的三个孩子，思想上、生活上的困难和负担之重可想而知。一九三五年上半年，他写信给我，只说慧英病重，要我到上海看望她。我那时正在河北省正定八所附小教书，到了暑假，赶到上海，才明白了他的困境。

我永远也忘不了这一段艰苦的日子。一到他家，只见姐姐被捕后留下的三个孩子，嗷嗷待哺。最小的女孩那时已经一岁多，还睡在摇篮里，只会爬，不会走，身上穿的是抽掉了棉花的破背心。我担起了料理家务，照顾孩子的责任。但是日子愈来愈困难，为人和组织上断了关系，也断了经费来源……后来不要说饼，连饭都吃不上了，付清房租成了头等大事，安排了房租钱，才能安排伙食费。为了要凑钱按时交付房租，维持这座楼房，保证文件的绝对安全，我们把二楼的家具变卖一空。但底层房间的摆设却不能多动，让外人看来还像个人家的样子。以后不仅是家具，连能卖的衣服都卖了。小女孩冬天的裤子，我是用包文件的包袱拼凑做成的。因为煤球要每天数了用，烧的饭常常是夹生的，粥是糊的。开始时，给孩子吃的粥里还可以放点猪油，以后只放了点盐，猪油也买不起了。最困难时，山芋便宜，一天只好吃二顿山芋，甚至一顿只好吃一碗山芋粥。为了怕白天在路上遇到叛徒，也怕邻居发现，为人总是到天黑时出门，到曹家渡买担山芋，坐着独轮车回来，堆在亭子间里。可怜的是那三个孩子饥饿难熬。为人怕小女孩经常啼哭造致祸害，常把她的手指头塞到嘴里止哭，这个女孩就养成了啃手指头的习惯……

晚上，为人就和我一起整理文件。他叫我把文件的空白纸边剪下来，烧掉。烧成的灰偷偷地放在夹弄的阴沟里用水冲掉。有时还要把文件上下搬动，防潮防霉。文件面积缩小了，存放的箱子用不到这许多，就卖掉了几个箱子。

我知道没吃没穿，小孩挨饿等生活上的艰难都难不倒为人，他最焦虑的还是和党失掉了联系，最需要的是要找到党的关系。那时，上海的党组织遭到了大破坏，叛徒、特务串街走巷地钉梢。为人白天不能出去，他要我去张贴"天皇皇、地皇皇、我家有个夜哭郎……"的纸条，有时倒贴，有时斜贴，盼望组织上发现了来联系。他也去登过寻人广告，都一无结果。他曾去找过何香凝，想通过她找到党，但何香凝告诉他有暗探，叮嘱他下次不能再去。他在晚上曾走到杨树浦去找同乡，想打听消息，借点钱，那个同乡送了他二个小三角包的零食。他天亮前赶回家，靠那几粒花生米，几块豆腐干，哄得孩子们都笑了。但是，一次又一次的落空，他的心思愈来愈沉重，他的身体愈来愈差，冬天咳嗽加剧，即使在这样的时刻，我也没看到他愁眉苦脸过。白天挨饿，晚上理文件，奔走找关系……他对生活、对工作、对党充满着希望。[27]

1935年底，陈为人的妻子韩慧英获释出狱。姐妹俩先后觅到教职，生活也大为好转。次年，夫妻二人终于和党组织接上了关系，将中央文库上交，尽管文件剪掉纸边已经不算“完璧归赵”。不久，陈为人因肺病离世，最终没有机会目睹革命的成功。

在这篇没有枪林弹雨但仍然读来令人动容的回忆的最后一段，韩慧如写道：“解放后，听说中央档案馆里保存着一些没有纸边的历史文件，我想这里边也有为人的贡献。”平平淡淡的文字，画面感却格外地强烈。

在此，权且引用柯庆施后人的一段叙述：“解放后，柯庆施曾陪国家主席刘少奇重返新渔阳里六号，故地重游，他们俩坐在当年坐过的课桌旁，愉快地回想那艰辛又难忘的青年时代。”[28]

革命果实来之不易，抚今追昔，必定百感交集，也许不是“愉快”二字所能涵盖！

睁眼看世界 赴苏

第 二

注释

1. 《毛泽东选集》第三卷，人民出版社 1991 年版，第 1005 页。
2. 原文如此，应为环龙路渔阳里 2 号。
3. 张朋园、马天纲、陈三井访问：《袁同畴先生口述历史》，九州出版社 2013 年版，第 7 页。
4. 抱朴：《赤俄游记》，《晨报副刊》1924 年 8 月 23 日。
5. 中共"一大"会址纪念馆、上海革命历史博物馆筹备处编：《上海革命史资料与研究》第 4 辑，上海古籍出版社 2004 年版，第 509 页。
6. 中共"一大"会址纪念馆、上海革命历史博物馆筹备处编：《上海革命史资料与研究》第 4 辑，上海古籍出版社 2004 年版，第 510—511 页。
7. 《萧劲光回忆录》，解放军出版社 1987 年版，第 17 页。
8. 卢氏县地方史志办公室编，李啸东编著：《卢氏有个曹靖华》，河南人民出版社 2010 年版，第 153—154 页。
9. 上海革命历史博物馆（筹）编：《上海革命史研究资料》，上海三联书店 1991 年版，第 298 页。
10. 中共"一大"会址纪念馆、上海革命历史博物馆筹备处编：《上海革命史资料与研究》第 4 辑，上海古籍出版社 2004 年版，第 525 页。
11. 《萧劲光回忆录》，解放军出版社 1987 年版，第 17 页。
12. 中共"一大"会址纪念馆、上海革命历史博物馆筹备处编：《上海革命史资料与研究》第 4 辑，上海古籍出版社 2004 年版，第 508 页。
13. 知识出版社编：《一大回忆录》，知识出版社 1980 年版，第 30 页。
14. 中共上海市委党史研究室、中国社会主义青年团中央机关旧址纪念馆编：《觉悟渔阳里》，上海人民出版社 2017 年版，第 1388 页。
15. 中共上海市委党史研究室、中国社会主义青年团中央机关旧址纪念馆编：《觉悟渔阳里》，上海人民出版社 2017 年版，第 1339 页。
16. 恽代英等：《红色家书》，江苏文艺出版社 2017 年版，第 71 页。
17. 俞秀松：1920 年 6 月 29 日的日记，中共浙江省委党史研究室编：《俞秀松纪念文集》，当代中国出版社 1999 年版，第 117—118 页。
18. 俞秀松：《自传》，中共浙江省委党史研究室编：《俞秀松纪念文集》，当代中国出版

注释

社1999年版,第231页。

19. 中共一大会址纪念馆编:《中共首次亮相国际政治舞台档案资料集》,上海人民出版社2016年版,第108、110页。
20. 《萧劲光回忆录》,解放军出版社1987年版,第12—14页。
21. 《萧劲光回忆录》,解放军出版社1987年版,第33—34页。
22. 卢氏县地方史志办公室编,李啸东编著:《卢氏有个曹靖华》,河南人民出版社2010年版,第152—153页。
23. 中国人民政协会议湖南省冷水江市委员会文史资料研究委员会编:《冷水江市文史资料》第2辑,1987年版,第43—45页。
24. 《郑超麟回忆录》上册,东方出版社2004年版,第186页。
25. 《悼罗亦农同志》,《布尔塞维克》1928年第20期,第1页。
26. 中共上海市委党史研究室编:《上海党史资料汇编》第5编　党史人物,上海书店出版社2018年版,第124页。
27. 中共上海市委党史研究室编:《上海党史资料汇编》第5编　党史人物,上海书店出版社2018年版,第126—128页。
28. 柯六六:《柯庆施就读上海外国语学社前后》,《江淮文史》2008年第6期,第129页。

第三章

出发赴俄

『我觉得俄国是世界第一个文明国。我想两三年后我们要组织一个游俄队。』[1]

——毛泽东

一、毁誉之间

十月革命发生不久，中国的报道中频繁出现“过激党”或“过激派”字样。萧劲光曾回忆他少年时期在长郡中学上校长讲授的修身课时的情景：

上修身课时，讲着讲着突然严肃起来，他说：“现在世界上有这样一种思潮，就是俄国的‘过激派’。这些人说‘你的东西就是我的’。这种主张，你们赞成吗？”我们听得莫名其妙。那时还不懂得什么是十月革命。他又激动地说：“赞成的举手！”结果零零落落地有几个人举了手，他们也都糊里糊涂的。有的人举起了手又放下了，不知该举还是不该举。[2]

这名校长对十月革命的恶劣印象，在当时的报纸杂志上能找到很多同调。1918年春，《东方杂志》主笔杜亚泉谈论俄国革命近状时写道：

俄自革命以来，其政权已三易矣。初为罗翔柯氏米留柯夫氏立宪派所掌握，其后则归诸缓和激烈两派混合之社会派，前总理克伦斯基实代表之，近更由混合派而移于过激派之手，即所谓李宁党是也。夫国家当革命之后，政权屡易，事所恒有。弟观诸俄国政权移易之现象，

王光祈像

则不能无下乔入谷之慨焉。[3]

所谓下乔入谷，语出《孟子》，意即俄国革命三易政权是变得更糟而不是更好。换句话说，素以保守著称的杜亚泉不看好布尔什维克。他说："夫俄国之农奴制度，诚为苛政，然除弊宜渐，决非一蹴所能几。彼邦先哲之主张开放农奴者，亦仅以给予土地而止，未尝主张没收地主其他之产业也。今过激派乃变本加厉，实行极端之均富主义，凡欧美民权发达之国所不能骤致者，乃欲于专制甫倒之后，躐等而致之，其不促成纷乱者几何耶！"[4] 杜亚泉认为现在还不是搞社会主义的时候。而后，国内的知识界或聚焦于十月革命的没收土地等问题，将其视为洪水猛兽，或聚焦于它的均富主义，把它当成人类的新纪元。1920 年秋，王光祈从德国探听到俄国消息，随即寄给国内报界。在通信中，他写道："俄国自苏维埃政府成立以后，其国内真相如何，不但吾东方报纸未有详实记载，即欧洲各报亦鲜真确消息。大约誉之者则全篇皆系恭维之词，尽将其瑕疵掩去；毁之者则满纸皆讥骂之

睁眼看世界　赴苏

第　　　　三

續記俄國之近狀

高勞

俄國柯尼洛甫將軍憤於俄國軍政之廢弛與勞兵團之跋扈於九月上旬率其所部哥薩克兵進迫彼得格勒(詳去年十二號本誌)冀推翻克倫斯基內閣嗣以所恃爲後援之各戰綫司令官及中產階級勢力過於薄弱遂至失敗退守摩奇來甫九月十四日摩奇來甫之衛戍兵全部歸順於政府柯氏遂遭拘禁其所企圖悉歸泡影而勞兵團之氣燄因之愈益伸張其時過激派之社會主義者盛唱共和主義說以煽動民衆臨時政府鑒於事態之危急迺由克倫斯基氏於九月十四日在莫斯科議會宣布國體定爲共和制並宣言以維持秩序恢復戰鬪力爲目的當任五名之執政官以處理國政且廣羅各階級人才以爲關於俄國之國體及政體本當由十二月十一日召集之憲法制定會議決定之非臨時政府權能之所及惟立憲民主黨系暨社會黨中之過激派實居俄國國民之大多數彼等咸主張共和制故臨時政府遂毅然爲決行共和之宣言冀以杜絕紛亂同時並組織由五名執政官而成之軍事內閣以克氏及外務總長德里斯臣郵遞總長尼基丁陸軍總長威爾好斯基海軍總長愚爾得列烏斯基五人任之旋爲勞兵團所干涉不能成立當克氏之宣布共和制度也勞兵團亦發布宣言書其大致(一)確定民主共和制(二)廢止土地所有權給與貧困農民以農業上之需要品(三)生產分配權歸於勞動者石油石炭金屬暨其他重要工業悉歸公有重課資本家及財產之捐稅行戰時利益之沒收此外復提出急需實行之政策數條除第一項共和制已由克氏宣布外其他各項均非俄國現勢所能行且爲立憲民主黨等之中產階級所不能容認克氏雖恃勞兵團爲聲援然

東方雜誌　第十五卷　第一號　續記俄國之近狀　三七

1918 年《东方杂志》第 15 卷第 1 号发表高劳《续记俄国之近状》

中華民國八年十一月三十日　星期評論　(一)

星期評論　第廿六號

俄國的近況與聯合國的對俄政策　季陶

1919 年 11 月 30 日《星期评论》发表戴季陶《俄国的近况与联合国的对俄政策》

语，而将其长处埋没。”[5] 这段话说明外界对俄国革命的看法也是各执一端。

1919 年，戴季陶在《星期评论》上评论道：

> 俄国的情形，因为消息阻隔，掌握交通机关的人，又颇有隐蔽或压抑这方面消息的情态，所以我们一直很难得其真象。而且中国的人，一般都是糊里糊涂。一点也不去研究俄国的劳农政治，究竟是怎样一个东西，只是瞎排斥，瞎害怕。看见有研究这个问题的人，就当作是危险的人；听见讲这个问题的话，就当作是危险的话。巴不得连讲的人都排斥得干干净净，方才可以免却他自己的恐怖。[6]

近代中国积弱已久，为振兴中华，国人“到处寻医问药”。十月革命让大家看到了新的希望！这种希望时不时出现在当时的文字中。在王光祈的信中，他提到了罗素的一个看法：“列宁氏希望世界革命，虽因此牺牲俄国亦在所不惜。此实北方民族之伟大精神，吾人无论赞成反对，均不能不佩服其魄力之雄也。”对身处半殖民地半封建社会的中国而言，这无疑是一个有吸引力的地方。后来孙中山的联俄，正好也是觉得它是能够“平等待我之民族”。

1920 年元旦，《星期评论》发表《红色的新年》，以一种浪漫主义的笔调写道：“黑暗里突然的透出一线红。这是什么？原来是北极下来的新潮，从近东卷到远东。那潮头上拥着无数的锤儿锄儿，直要锤匀了锄光了世间的不平不公。”这文字一看便知是出自沈玄庐之手。他下笔之时，脑海里一定装着一个满天彩霞的美丽世界。正如他在另一首诗中说“从此不做国家人种的糊涂梦”，十月革命后的中国知识界，已经有了新的梦想。

二、往俄罗斯去

1920年8月，远在法国游学的蔡和森在给好友毛泽东的一封信中提到“将来以俄为大本营”。此时风华正茂的蔡和森得益于留学经历，眼界大开，在给毛泽东的信中经常纵论天下大势，颇有毛泽东后来诗词中所写的“恰同学少年，风华正茂，书生意气，挥斥方遒，指点江山，激扬文字”之感。

而身在国内的毛泽东也没有忘记对国际形势的观察。在收到蔡和森这封信之前的这年春天，他在写给周世钊的信中便指出：“我觉得俄国是世界第一个文明国。我想两三年后我们要组织一个游俄队。”毛泽东回到长沙后，同何叔衡成立“湖南俄罗斯研究会”。该会简章规定：“本会以研究俄罗斯一切事情为宗旨，会务为发行俄罗斯丛刊，派人欲赴俄实地考察，提倡留俄勤工俭学等。”

不过毛泽东在给周士钊的信中尚未觉得游俄时机已成熟，他补充说“这是后话，暂时尚可不提及他”。但他计划中

贺民范像

的这个“后话”,很快进入了上海一批志同道合的人的规划。

1920年11月初,贺民范写信给在法勤工俭学的贺果,“述及上海有人经理留俄事,只须洋70元,到上海学习俄文两个月,即送往海参崴,由劳农政府接去,送往莫斯科。一切费用都由劳农政府供给。两年后送回国内”。[7] 这则信息,一定程度上颇能反映当时陈独秀和杨明斋等人一开始的留学计划。

秦抱朴在《赤俄游记》提道:

> 一九二〇年的秋天,我自朋友处得到留俄的消息,听说某团体可以替我们做介绍人,我也欣然加入了上海社会主义的青年团,专心学习俄文。是时他们说:“俄罗斯实行共产主义了,人人都须工作,但学生则每日工作五小时。”好,我们都愿服从这样的条件。又因路费仅须自筹三十圆,所以我们只望早日起程了。[8]

秦抱朴所说的“某团体”,即是指外国语学社。秦抱朴在学社的介绍下加入了上海社会主义青年团。并且由上述引文可知：加入外国语学社，便可借由入团，入团之后，便可有赴俄留学机会。

就像前文指出的，赴外留学是近代青年的一个重要出路。从萧劲光等人的回忆中可知，原本他们希望获得赴法勤工俭学的机会。因未能成行，才退而选择赴俄留学。不过，由于此时俄国十月革命的消息在中国流传已广，俄国已不仅是一道关于个人就业和升迁问题的选择题，而是一个与个人志向和国家命运紧密相连的去处。蔡和森与毛泽东的“大本营”和“游俄队”的设想，此时在国内青年中不乏同调。

且来看几位赴俄者对苏俄的向往之心。秦抱朴在《赤俄游记》中如此描述他的心情：

> 那共产化的俄罗斯……他那里已弃除了资本主义。这个新而且完全的制度已在横跨两大洲的国家里实现了。于是“往俄罗斯去”的口号，又成为青年学生的呼声了。[9]

在这个时代背景下，秦抱朴以一种迫不及待的心情向俄罗斯奔去。因为外国语学社迟迟无法安排行程，秦抱朴与廖划平等人干脆另从世界语学社拿到介绍信，坐上赴大连的商轮，扬帆而去。

朱自清有一首诗《送韩伯画往俄国》，以艺术的笔法，生动地描述了好友韩伯画赴俄时的心情：

天光还早，
火一般红云露出了树梢，
不住地燃烧，不住地流动；
黑漆漆的大路
照得闪闪烁烁的，有些分明了。
立着一个绘画的学徒
通身凝滞了的血都沸了；
他手舞足蹈地唱起来了：
“红云呵！
鲜明美丽的云啊！
你给了我一个新生命！
你是宇宙神经的一节；
你是火的绘画——
谁画的呢？
我愿意放下我所曾有的，
跟着你走；
提着真心跟着你！”
他果然赤裸裸的从大路上向红云跑去了！
祝福你绘画的学徒！
你将在红云里，
偷着宇宙的密意，

放在你的画里;

可知我们都等着哩![10]

韩伯画即韩曼涛,本名庄文恭。在外国语学社赴俄的成员中,有许多人因为种种原因没有留下关于这段历史的文字,韩伯画就是其中之一。但机缘巧合,他的心情被记录在诗人朋友的诗中。

任弼时在登船北上当天作家书一封,向父亲倾诉衷肠,又为我们展示了另一幅场景:

父亲大人膝下:

前几天接到四号手谕,方知大人现已到省,身体健康,慰甚。千里得家书,固属喜极,然想到大人来省跋涉的辛苦,不能说是非为衣食的奔走所致,若是,儿心不觉顿寒!捧读之余,泪随之下!连夜不安,寝即梦及我亲,悲愁交集,实不忍言。故儿每夜闲坐更觉无聊。常念大人奔走一世之劳,未稍闲心休养,而家境日趋窘迫,负担日益增加,儿虽时具分劳之心,苦于能力莫及,徒叫奈何。自后儿当努力前图,必使双亲稍得休闲度日,方足遂我一生之愿。但儿常自怨身体小弱,心思愚昧,口无化世之能,身无治事之才,前路亦茫茫多乖变,恐难成望。只以人生原出谋幸福,冒险奋勇男儿事,况现今社会存亡生死亦全赖我辈青年。将来造成大福家世界，同天共乐，此亦我辈青年人的希望和责任，达此便算成功。惟祷双亲长寿康！来日当可得览大同世界，儿在外面心亦稍安。

北行之举前虽有变，后已改道他进，前后已出发两次，来电云一路颇称平静，某人十分表欢迎。儿已约定同志十余人今日下午起程，去后当时有信付回。沿途一切既有伴友同行，儿亦自当谨慎，谅不致意外发生，大人尽可勿念过远。既专心去求学，一年几载，并不可奇，一切费用，交涉清楚，只自己努力，想断无变更。至若谋学上海，儿前亦筹此为退步之计，不过均非久安之所，此事既可成功，彼即当作罢论。[11]

信中文字颇显任弼时的少年老成。在信中，他一边表达自己想念父母，盼着为家分忧，并交代清自己的安排以免家人挂怀；一边谈及“社会存亡生死”，表示“造成大福家世界”“亦我辈青年人的希望和责任”。可见，任弼时此次赴俄，是为个人前途和国家命运寻找答案。

史诗般的北上赴俄事件，少不了诗人的身影。蒋光慈在留俄期间完成一部诗集，这部诗集的第一首诗名为《红笑》：

艰难的路程已经走了，
危险的关头已经过了；
一大些白祸的恐慌，

蒋光慈像

现在都变成红色的巧笑了！

那里是日本海水的波荡？
那里是海参崴的炮声响？
我且登乌拉山的岭头——
无边无际地狂望。

贝加尔湖的碧滴滴的清水
洗净了我的心脏；
贝加尔湖的山洞，
我一个一个穿过了——
都寻着了光亮。

那里是太平洋么？
那么样地乌烟瘴气！
那不是莫斯科么？
多少年梦见的情人！

我快要同你怀抱哩！[12]

在这首诗中，蒋光慈情感充沛，一句“那不是莫斯科么”，胜过了千言万语。传说中的革命圣地莫斯科近在眼前，年轻的朝圣者们期待已久的时刻终于到了。但这还远远不是苦尽甘来的时候。

三、分批出发

好事多磨，外国语学社的游俄计划，看上去颇费周折。从秦抱朴的《赤俄游记》看，学员不仅路费增加，而且人数大大裁减，时间也大为延迟。通过任弼时家书里的记载，可知在秦抱朴等绕过外国语学社擅自动身赴俄之后，学社的出行计划仍发生过变动。这其实不难理解，此时的俄国之行，要面对种种的艰难险阻。为了分散风险，学员只能分批北上。

相关情形，最接近事发时间的文字来自当年张学琅抵达莫斯科东方大学后发回国内的一份报告，其中第一部分交代了“来俄途中情形”：

A. 人数：此次来俄的共六十人（前被阻者在外），以沿途有碍，分为六组出发，现在有三组（三十人）到了莫斯科，还有两组未出发，一组在海参崴，前因那方面俄新旧党正在打仗不能经过，一组现在不知怎样？

B. 所由的途径及所经过的城郭：我们第一组出发时，鉴于到赤塔的捷径被阻（即满洲里那条路），故不得不由曲径化装而来。就是由上海而日本，而长崎，而海参崴（坐轮船），而伯力，而海兰泡，而贝加尔湖，而伊尔库司克，而托木克司，而阿木克司，而乌发，而沙麻拉，而莫斯科。

C. 日期：我们于阳历四月十一号由上海动身，七月九号始抵莫斯科，在途中足足有三个月，其所以这样久者，一因俄国自革命后，交通尚未复原，二因所由的途径大半都是曲径，三因在途中停留的日期足占去了一半，其余都是在船上和车上的日子。

D. 交涉：我们在俄的一切交涉，在国内时都已弄妥了的。故自伯力后，沿途的车票船票，以及食物耗品都是俄人随地招待供给。所以我们动身时，每人身上只带银百元，也很够了。在途中不但没有一点困苦，且自赤塔后，沿途的俄人，你迎我送，招待尤为周到。我和某友从赤塔后一直到莫斯科，坐的都是四等车，到伊尔库司克时，我们每人领了第三国际东方共产大学的入学证和护照各一纸。

E. 组织：第一组在伯力住了二十多天，所以第二组即在那里赶上，就合为一，把各人所余的经济集中——每人约余三十元之数——临时组成留俄团，内分交际、

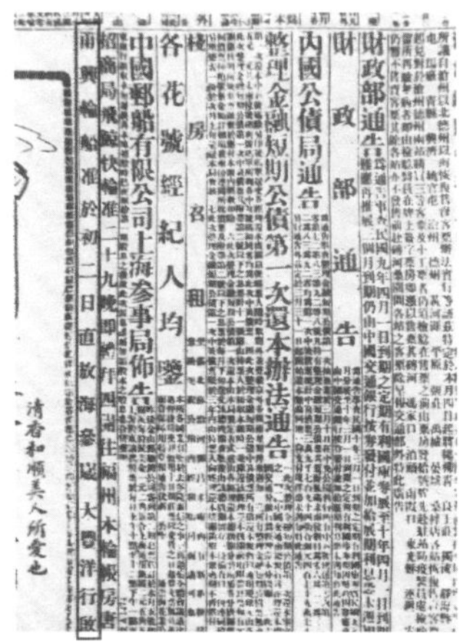

1921 年 4 月 6 日《申报》刊载“甬兴”号初二日(即 1921 年 4 月 9 日)赴海参崴广告

1921 年 5 月 4 日《申报》刊载“升孚”号二十七日(即 1921 年 5 月 4 日)赴海参崴广告

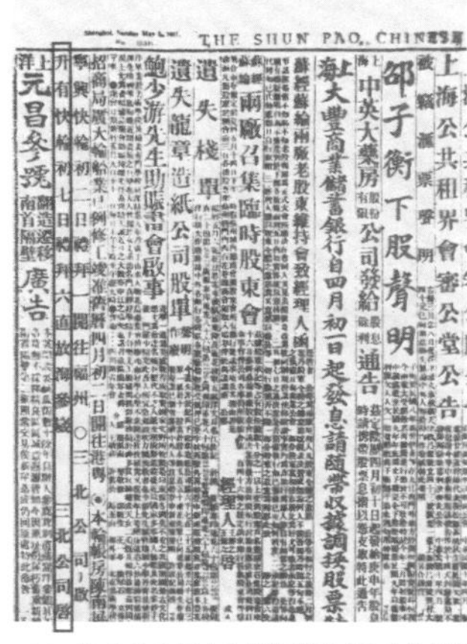

1921 年 5 月 8 日《申报》刊载“升有”号初七日(即 1921 年 5 月 14 日)赴海参崴广告

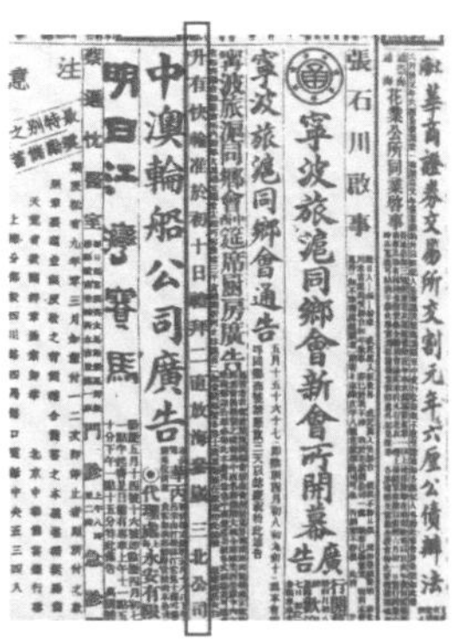

1921 年 5 月 15 日《申报》刊载“升有”号初十日(即 1921 年 5 月 17 日)赴海参崴广告

书记、庶务三部，实行共产。在途观山玩水，唱歌，谈天，饱享旅行之乐，全不觉风尘之苦；自伯力以后，沿途选驻代表，招待后来同志，我和某友选驻赤塔，不过几天，恰好有一位同志到了，所以我比他们就在赤塔多住几天。[13]

报告提到游俄活动分为六组，截至他们入校后的8月24日，到达莫斯科的共有三组。其余三组，两组尚未出发，一组受阻于海参崴，情况不明。

张学琅的这份报告如果与下面华林的这段回忆对照来看，将可以锁定更多的细节：

1921年4月，我们报名到苏俄去，我是第一批去的。这一批是冒了险去的，走的海路，坐的是涌兴轮。这一批同去的有12个人，我记得有韩曼涛（即庄文恭）、彭述之、罗亦农、任作民、何今亮（即汪寿华，1927年牺牲了）、卜士奇，还有个湖南人名字记不起了。轮船在日本长崎停留了一下，就直放海参崴。当时，日本干涉军还在海参崴。我们12人分三组上岸，藏好了介绍信，在海参崴住了几天，找到了接头的人，乘火车到达伯力，在伯力等了约1个月，到5月黑龙江开冻，我们到达黑河。在这期间，我们写信给上海报告，第二批的人就动身来了。第二批人数较多，刘少奇就是这一批来的。

当时,黑河有个华工会,要留人协助工作,我们留下了4个人:我、彭述之、任作民、何今亮。我们在黑河又接待了几批人,在华工会耽搁了两三个月。在这期间,彭述之与任作民跟苏联的游击队先到莫斯科去了。大约在这时东北又来了几个人,其中有何公冕、许之桢、梁柏台(梁曾任过中央苏区政府内务部长,长征时期留在江西,后来牺牲了)、谢文晋(1927年在南京牺牲)等。[14]

张学琅和华林都提到自己是第一批,张学琅说第一组在伯力住了二十多天,第二组在那里赶上,就合为一组。华林则说在伯力等了约一个月后第二批的人就动身来了。这就说明两人的确是同批出发的。华林说的那个记不起名字来的湖南人应是张学琅。

如果再结合其他文献,这次游俄运动的大致梗概和许多枝节都将浮出水面。首先已经可以确定,外国语学社游俄的主力部队均由上海—海参崴航线出发,前后共有三批。

第一批上海—海参崴航线:

人员有张学琅、华林、何今亮(汪寿华)、彭述之、罗亦农、韩曼涛(庄文恭)、卜士奇、任作民等人,所乘商轮是大丰洋行的"甬兴"号。在华林的回忆录中,误写成"涌兴"。大丰洋行的布告显示是4月9日,但根据《申报》所载,实际登船日期为4月10日,又根据当年张学琅发回给国内的报告(1922年刊登在湖南《大公报》),实际出发日期为4月

11日。为何布告中的4月9日变成11日，翻看当时的文献就不难理解了。商船延期是常见现象，例如同月《申报》发布的“甬兴”号出航布告，原本定为25日，但最后27日才成行。又如这年8月，《申报》一则“赴美学生今日放洋”的新闻记录了这样的情况：“本届赴美之清华学生与自费学生，共百余人，于昨日下午五时由虹口码头乘小轮，泊登大舟‘中国’号，晚宿舟上，今晨五时开驶。”[15]可见，单是上船后留宿一夜次日上午出发一事，便能生出两个出发日期来。

第二批上海—海参崴航线：

人员有王一飞、刘少奇、任弼时、萧劲光、任岳、陈启沃、周昭秋、胡士廉、吴芳、曹靖华、蒋光慈、韦素园、吴葆萼等人，所乘商轮为三北公司的“升孚”号。其出发时间为5月4日。这一论断的主要依据来自曹靖华的回忆。他曾提到此船是一艘货船，而“升孚”号前身即为货船，此时亦是客货两运性质。不过这仍不足以断定就是“升孚”号，因为“升有”也是客货两运。更关键的线索是曹靖华提到，五一节后“学校突然通知一部分同学每人拍半身照”，随即出发。从报纸上的航班信息看，五一后发往海参崴的商轮唯有“升孚”号，其他两条商船此时正在旅途。这里需要略作解释，五一在外国语学社成员的回忆中是个重要的时间点，当时他们主要的社会性活动就是参加五一的工运宣传。因此曹靖华此处对出发时间的回忆应较可靠。这个日期与第一批相差20多天，也符合张学琅和华林提到的第一批和第二批汇合的时间。

第三批上海—海参崴航线：

人员有柯庆施、许之桢、谢文锦、梁柏台、胡公冕、傅大庆等人。5 月 17 日出发，乘坐的是三北公司的“升有”号。主要线索来自柯庆施的家书，其内提到的出发日期为 5 月 16 日。先是三北公司刊登广告称“升有”号 5 月 14 日“直放海参崴”，后据《申报》布告，推迟到了 17 日出发。正如前文所述，日期上有两三天误差是正常现象。柯庆施提到的 16 日，有可能是登船日期，而 17 日，则更可能是真正的发船日期。这还有待新材料的发现来印证。需要提及的是，这几天出航的还有大丰洋行的“甬兴”号，不过它提前到 5 月 13 日出航，根据柯庆施家书提供的时间，可以排除。

除此之外，外国语学社学员还有零星行动。如有记载称陈为人此前即单独赴俄。但从整个游俄活动来说，更值得提及的是董锄平的遭遇。张学琅报告中提到的“前被阻者”，实际上指的就是外国语学社先行出发的董锄平及其从各地汇合而来的十多个同伴。但这一行人不幸在边境被军阀张作霖的军队抓捕，直到 5 月份才被营救出来。他们释放归来的路上，刚好遇到秦抱朴一行人。秦抱朴在他的游记里这样写道：

> 五月以后，满洲里被捕的十三位朋友自齐齐哈尔释归，盛言沿途的危险，劝我们不必前进，于是我们同行

武汉科技大学内的董锄平雕像

> 的人都灰心绝意，大家预备回南了。独我与廖仍决定去黑河一走。[16]

董锄平等人的游俄失败，影响的不仅是秦抱朴这一批人，也迫使外国语学社的游俄大部队改变计划。任弼时家书中所说的“北行之举前虽有变，后已改道他进”反映的就是这一情况。

最后需要指出，张学琅报告中的六组之说也没有把秦抱朴所在的这一组包含在内。秦抱朴等 10 人由于外国语学社的出国安排“行期延迟”且路费增加，已经先期于 1921 年 3 月 9 日自行乘船北上大连，继而由陆路赴俄。

需要稍加交代，他们此去的道路充满凶险。从 1918 年开始，中国的报纸上就时不时爆出“严防过激党”的消息。

章

Relinking
with the world

Study in Russia

江亢虎《新俄游记》封面

秦抱朴像

不仅要防着赤俄入境宣传革命，也要防着国人出境接触共产主义。1921年赴俄考察的江亢虎在发回国内的《游俄通信》中谈到了入俄面临的难关：

> 行路之艰，莫难于入俄矣。第一难关中国政府之允许。第二难关俄国新党之介绍。第三难关，两国交界之检查。一切通过矣，而交通之停顿，食物之缺乏，以及意外之危险，尚有命运存焉。中国自停止俄国使领待遇后，外交部已不复发游俄正式护照。果有特别事故请愿旅行者，由外交部之通商司查明属实，给以俄文证明书，以代护照，然后请新俄之代表加以签字，（此层仍非正式）并需索得介绍书，声明此人入俄无害于新政府之设施。然后行抵中俄之交界处，虽有合格之证明，与有力之介绍，尚往往不免受俄国或中国军阀之抑止。[17]

江亢虎顺利渡过三个难关后，遇到了春汛，满洲里到赤塔间的一座桥梁被淹，他只能逗留在岸边等待。

江亢虎以及前文所述董锄平等人的挫折遭遇，都说明了赴俄路途的艰险。这些革命青年所受到的最初考验，在曹靖华和萧劲光后来的回忆中都有细致的描述。当然，与后来的枪林弹雨比起来，游俄路途中所遇到的风险无非是虚惊一场，革命的成功还将付出更多牺牲。

注释

1. 中共一大会址纪念馆编:《中共一大代表早期文稿选编 1917.1—1923.7》上,上海人民出版社 2011 年版,第 873 页。
2. 《萧劲光回忆录》,解放军出版社 1987 年版,第 6—7 页。
3. 高劳:《续记俄国之近状》,《东方杂志》1918 年第 15 卷第 1 号,第 41 页。
4. 高劳:《续记俄国之近状》,《东方杂志》1918 年第 15 卷第 1 号,第 42 页。
5. 王光祈:《德国特约通信》,《申报》1920 年 9 月 29 日。
6. 季陶:《俄国的近况与联合国的对俄》,《星期评论》1919 年第 26 号,第 1 页。
7. 中共"一大"会址纪念馆、上海革命历史博物馆筹备处编:《上海革命史资料与研究》第 7 辑,上海古籍出版社 2007 年版,第 227—228 页。
8. 抱朴:《赤俄游记》,《晨报副刊》1924 年 8 月 23 日。
9. 抱朴:《赤俄游记》,《晨报副刊》1924 年 8 月 23 日。
10. 《朱自清精选集》,北京燕山出版社 2010 年版,第 378—379 页。
11. 中共中央文献研究室编:《任弼时书信选集》,中央文献出版社 2014 年版,第 1—2 页。
12. 《蒋光慈全集》第 1 卷,合肥工业大学出版社 2017 年版,第 14 页。
13. 蕴良:《游俄通信》,《大公报》(长沙)1922 年 2 月 3 日。
14. 中共上海市委党史研究室编:《上海党史资料汇编》第 1 编,上海书店出版社 2018 年版,第 46—47 页。
15. 《赴美学生今日放洋》,《申报》1921 年 8 月 13 日。
16. 抱朴:《赤俄游记》,《晨报副刊》1924 年 8 月 23 日。
17. 江亢虎:《新俄游记》,商务印书馆 1923 年版,第 4 页。

第四章

上海大学

『上大为革命之大本营，对于革命事业，颇为努力。』[1]

——王稼祥

第　　四

现上海大学宝山校区内所建溯园

一、火辣辣的圈子

在中国共产党成立之初，有过一个著名的红色学府——上海大学。它从1922年诞生到1927年被查封，存世不足五年。但就是这昙花一现，在中共党史上写下了浓墨重彩的一笔。在参与过五卅运动的共产党员孙师圃的印象中，中共在上海的活动“起初是先由上海大学开始的”。王稼祥来到这里求学不久，就在信中自豪地宣称上海大学是“革命之大本营”。一位上海大学学生在后来的回忆中提到，当时还流传着一句“武有黄埔，文有上大”的说法。林林总总的美誉，无不昭示上海大学在中国革命史上的特殊地位。

上海大学的革命师生,许多人都曾有过游历和留学苏俄的经历。这从一个侧面反映了上海大学在早期中共革命中的独特地位。

在上海大学教师当中,瞿秋白、张太雷、郑超麟、彭述之、蒋光慈等都曾在俄国游历或留学,回国后先后在上海大学任教。

1920年,瞿秋白以北京《晨报》和上海《时事新报》特约通讯员身份赴俄游历,了解十月革命后的俄国社会。1921年夏,他在莫斯科两次见到革命导师列宁。同年秋,瞿秋白受聘到莫斯科东方大学中国班担任翻译和助教,对共产主义理论有了进一步了解。1922年,瞿秋白加入中国共产党。次年,他应陈独秀邀请回国,并于同年夏天来到上海从事党内宣传工作。稍后在李大钊的推荐下,加入上海大学执教,担任社会学系主任等职务,1925年4月辞去教职。瞿秋白先后在上海大学任教时间不足两年,但却在上海大学校史上写下浓重的一页。在他的带领下,上海大学社会学系逐渐发展为中国马克思主义最重要的宣传阵地。

张太雷少时在京津求学,受十月革命和李大钊的影响,对马克思列宁主义产生兴趣。1920年3月,张太雷加入李大钊组织的北京大学马克思学说研究会。1923年进入莫斯科东方大学学习,次年4月奉命回国,负责社会主义青年团工作,并任上海《民国日报》主笔。同年8月21日,《民国日报》和《申报》报道了上海大学社会学系的聘任信息，其中彭述之主讲社会进化史、经济学，李达主讲社会思想史、社会运动史，蒋光赤（慈）主讲世界史、俄文，而张太雷则主讲政治学、政治学史。除张太雷外，彭述之和蒋光慈作为外国语学社学员，也曾在莫斯科东方大学中国班就读，与瞿秋白有师生之谊。

郑超麟 1924 年 9 月底从莫斯科东方大学回到上海，安顿在慕尔鸣路（今茂名北路）的一个弄堂。据其自述：

> 慕尔鸣路房子两楼两底，厢房沿马路，且有一个过街楼，从楼上前厢房通出去横过弄堂。彭述之就住在这过街楼内。楼上厢房空着，中间放一张大方桌，桌子旁边几把不整齐的椅子，靠过街楼方面有一张空床，现在我的铺盖就摊在这空床上面。后厢房是瞿秋白的寝室，他的爱人死去不久，现在是鳏居。客堂楼住着蔡和森夫妇。楼下客堂间住着李隆郅夫妇。张太雷的母亲、老婆和孩子则占据楼下全厢房。[2]

引文中提到的几个人，除去李立三（即李隆郅）夫妇外，均是上大校史中耳熟能详的人物。有此因缘，郑超麟在 1925 年春季进入上大社会学系教书。

1924 年 10 月，郑超麟等人搬入民厚南里居住，仍与蔡和森、彭述之等比邻，并迎来这年秋天进入上大任教的新邻

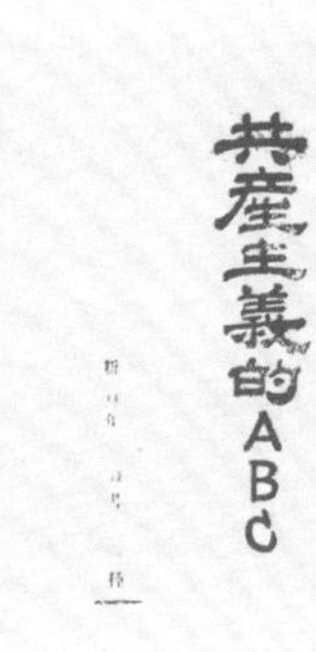

1926 年新青年社出版的郑超麟译《共产主义的ABC》,次年版本更名为《共产主义 ABC》

居张伯简。民厚南里据西摩路(今陕西北路)上海大学不远,住着很多上大的学生,郑超麟在此常听见有人唱国际歌。

此时郑超麟主要从事的是宣传工作,此外就是在上大教书。据其回忆,五卅运动之前,他在上大的工作是"代课"性质的。1925 年春季,由于彭述之生病,他便代教社会学,讲授布哈林的历史唯物论。值得一提的是,他翻译的布哈林《共产主义 ABC》成为大革命时期仅次于孙中山《三民主义》的畅销书,是许多革命青年的"入门老师"。1925 秋,上大搬迁到青云路,郑超麟开始正式任教,直至大革命失败后上大惨遭查封。

郑超麟博闻强识,其所作回忆录涉及中共早期的诸多历

睁眼看世界　赴苏

第　四

中共四大纪念馆

1984 年 5 月 7 日,郑超麟实地考证中共四大会址

史细节，是宝贵的党史文献，晚年还曾实地勘察，最终确认中共四大会址。1925 年 1 月 11 日，中共四大在上海召开。郑超麟以会议记录员身份见证了这一历史，并在后来的回忆录中有详细的描述。中共四大在党史上具有多重历史意义，但由于史料不足，新中国成立后有关部门迟迟无法确定其会址。直到 1984 年，已至耄耋之年的郑超麟前往现场，帮助虹口区地名志编辑组确认铁路轨道东边的新工房即今虹口区东宝兴路 254 弄 28 支弄 8 号处为中共四大遗址。其原建筑早在抗战时期便毁于战火，但如今中共四大纪念馆正在虹口区四川北路公园内昂然而立，向人们讲述着当年那段极不平凡的历史。

在上海大学学生当中，有一批赴苏俄留学者。1925 年秋，在鲍罗廷的撮合下，莫斯科中山大学成立，上海大学陆续向其输送留学生。这些学生当中，最著名的包括秦邦宪、王稼祥、杨尚昆、张琴秋、杨之华、关向应等。

这些学生履历各异，但无一例外都有革命经历。

王稼祥的求学经历写满了一个年轻人同旧秩序的抗争和对新世界的向往。王稼祥，原名嘉祥，安徽人。1925 年 5 月，王稼祥在其就读的芜湖圣雅各中学参加学潮，被校方开除。8 月，他获悉上海大学附中“收容五卅风潮而从教会学校退学学生”，不顾家人反对，从芜湖只身来到上海，进入上海大学附中部学习。入校后被推选为高三年级学生代表，担任附中部学生会主席。

第 四

王稼祥像

王稼祥在上海大学附中仅仅学习两月之久,即因思想进步表现积极而被推荐进入莫斯科中山大学学习。去国之前,他在给好友王柳华的信中写道:“我们既要革命,必须先研究革命理论,实习革命方法。于是我毅然决意到莫斯科进中山纪念大学,去预备革命了。我不久就要远别祖国,北赴自由之邦,三四年后我再把莫斯科的精神,尽量地带入祖国。”[3]在莫斯科求学期间,王稼祥写给王柳华的书信建议其“走上革命道路,最好是来莫学习”,“望你努力革命,更望你能进上海大学,能来莫学习”。这些文字见证了一个青年革命者的热血和激情。

杨尚昆则是另外一种情况。他在回忆录中写道:

> 1926年春天,家里为我筹了150元费用,我拿着中共重庆地委给上海区委的介绍信,出川到上海去了。到上海进什么学校呢?这涉及我今后走什么道路的问题。在我们家庭里,这是一直有分歧的问题。父亲希望我走实业救国的道路,他经常督促我念英文,学数学,要我

考交通大学，毕业后像我四嫂的兄长赵崧生那样当个有名的工程师。四哥不赞成。他说：国家这么乱，军阀不打倒，帝国主义列强不排除，实业救国是幻想，只有革命才能救中国，这是社会的必然律和进化法则。所以，他竭力主张我进上海大学，学社会科学，走社会革命的路。二哥当年在唐山路矿学堂土木系，学架桥，但当时所学的都用不上，没有架桥施工的机会，后来想走教育救国的路，又走不通，这才接受四哥的指导，加入了共产党。在两种意见的争论中，他当时保持"中立"，说让五弟自己决定吧！[4]

杨尚昆的四哥就是党史上的著名烈士杨闇公。在面临人生重大抉择之际，正是在这位兄长的力主之下，杨尚昆走上了革命的道路。

继续看他来上海大学后的经历：

我到上海时，上大的入学考试期已经过了，只能作为试读生，但党的关系却就编入上大特别支部的小组，参加一些社会活动，党小组长是康生（赵容）。这时，正逢五卅运动一周年纪念，上大的学生酝酿着罢课和组织纪念活动。校内气氛紧张，没法上课。我在社会的大课堂里，却接受了两堂"政治课"。[5]

五卅运动中上海群众的反帝示威

这两堂所谓的政治课,“第一堂是租界巡捕的警棍”,杨尚昆在纪念五卅运动游行队伍中,遭到军警的殴打,“脑门上挨了一棍,鼓起了一个大包”;“第二堂课是军阀孙传芳的木笼”。被释放之后,杨尚昆继续他在上海大学的革命活动:

> 上海大学,党的组织生活很严格。每逢星期六都要开一次党小组会,由组长讲形势,每个党员都要汇报自己在这个星期读了什么书,有什么缺点,检查小资产阶级习气、是不是无产阶级化了、在斗争中是否勇敢等。那个时候倒是受了点训练,要保守秘密,要绝对服从党的组织。随着北伐军所向披靡的进军,我们散发传单的任务日渐增加,内容是传送捷报,号召群众迎接北伐军

上海勤业女子学校组织的五卅宣讲团宣讲现场

> 等。原先的方法是每人每次 20 张，到闹市区向行人散发，或者提着浆糊桶，一张张地贴。后来改进了，或是放在商店的柜台上，敲两下就走开，或是先刷好浆糊，往墙上一粘，扭转身就走。[6]

后来，他和那些在革命活动中表现突出的同学一道，被党组织送到莫斯科中山大学。他的舍友兼四川同乡左书雅、刘希吾也同时入选。

杨尚昆的被捕经历，起因于五卅纪念。回到 1925 年，五卅惨案发生后，英帝国主义封闭上海大学的西摩路校址，当时在沪上开办的老牌英文报纸《字林西报》解释英国海军陆战队占领上海大学校区原因时，说上海大学“是宣传共产主义的著名温床”。实际上大量的史料表明,上海大学师生此时不仅宣传共产主义,还走上街头,扮演了五卅运动的发起者和领导者角色。

著名作家曹聚仁在回忆中对上海大学及其周边聚集的朋友们曾有这样的感叹:“在火辣辣的圈子,我只是一个革命的旁观者。”

曹聚仁笔下的“火辣辣”,无疑是就这个圈子的革命激情而言。对比民国各高校,由于一批志同道合的革命师生的麇集,上海大学呈现出与众不同的精神风貌。

1923 年,刚转入上海大学不久的施蛰存在《民国日报》发表了《上海大学的精神》一文。文中写道:

> 今年暑假以前,我也曾在一所大学里做过学生,但我总觉得丝毫没有得到一点大学生的学问,也没有干过一些大学生应有的活动。我所得到的,至多只能说住过好些时的高大洋房,多记得好几个英文名词罢了。我早在报纸上和上海大学的教授的著作中,看出上海大学的精神,决不是和旁的大学一样。我相信我自己的观察是不错的,于是我毅然决然的进了上海大学,虽然有好多人劝我审慎,我总不信。现在上课一个多月了,就我的观察,愈使我觉到上海大学是有特殊的精神。[7]

此时上海大学声名未彰,施蛰存凭着一个文学青年特有

上海大学西摩路校址

上海大学师寿坊校址

熱血日報

我們的要求

外人鐵蹄下的上海

外國水兵及巡捕搜上大

洋奴乎國民乎

上海幾乎成了洋奴世界，因爲吃外國飯的人太多。現在因爲外國人屠殺了幾十個中國人，大部分熱血未冷的中國人，都起來反抗此次屠殺，爲國民爭一口氣。現時住在上海的中國人，凡是起來反抗外國人屠殺中國人的，才不愧爲國民；仍舊幫助外國人的，固然是直接的洋奴，不幫助外國人也不幫助本國人起來反抗的，也是間接的洋奴，我們不做國民，便是洋奴，中間絕無餘地。

現在中國的政府尚未與外國宣戰，還可以立在爲人民向外國外交官抗議地位，再軟弱十二分便立在調解地位；至於人民團體，如商會教育會學生會工會等，都應絕對立在國民地位，即是和屠殺中國人的外國工部局立在反抗地位，萬分不應[illegible]調人自居。

《热血日报》，五卅期间由上海大学师生主办，是中共党史上第一份日报

的直觉捕捉到了它的与众不同。顺着施蛰存对上海大学精神的颂扬,再来看看邓中夏的一段演讲:

> 在国中各大学中比较起来,我们不自讳亦不必讳承认上大是一个穷而又穷的学校,所以教职员的薪水,有的是完全尽义务,一文也不拿;有的为维持生活,亦只拿到很少的数量,还比不上一个高等机器工匠的工资;有的原在别校拿到很多的薪水,却情愿抛弃了来上大吃苦;有的原有别项职务,收入已丰,并且没有余暇,却情愿多吃辛苦来上大兼课。[8]

同近代志士们的抛头颅洒热血比起来,教职工们的不辞辛苦和不计酬劳似乎微不足道。但正是这些教职员平凡中所孕育的伟大成就了他们日后的轰轰烈烈。

二、"满江红"

抗战时期党史文献中的一份纪念文章,有过这样一段文字:

> 中国共产党人永远纪念着那一切在苦难中奋斗而牺牲自己性命、抛掷头颅的没世不朽的党中先驱者,永远纪念着苏兆征、王荷波、刘华、李大钊、陈延年、赵世炎、张太雷、罗亦农、恽代英、瞿秋白、彭湃、蔡和森、罗

蔡和森、向警予夫妇

沈泽民、张琴秋夫妇。沈泽民曾在上海大学任教，张琴秋曾在上海大学读书

登贤、向警予、黄公略、方志敏、何子述、陈原道、殷鉴、沈泽民等——这一切正直聪明和英雄盖世的共产党先驱者。[9]

在这份先驱者名单当中，瞿秋白、蔡和森、张太雷、罗亦农、沈泽民等均曾在上海大学执掌教鞭。

（一）瞿秋白

在这些人当中，瞿秋白是上海大学最受欢迎的老师。他的故事也最为人津津乐道。

"万郊怒绿斗寒潮，检点新泥筑旧巢。我是江南第一燕，为衔春色上云梢。"这是瞿秋白作于1923年12月份的一首诗。那是他进入上海大学执教的第一年。诗中一句"我是江南第一燕"，无疑是对他本人的一个贴切的比喻。作为上海大学社会学系主任，瞿秋白引进他在游俄期间曾执教过的莫斯科东方大学弟子前来执教，成功地打造了一个马克思主义的宣传重镇。

瞿秋白曾将自己的赴俄经历写在《饿乡纪程》一书中。在该书中，他如是写道：

"我"无限，"人"无限，
笑怒哀乐未厌。

漫天痛苦谁念
倒悬待解何年?
知否?知否?倒悬待解,
自解解人也,
彻悟,彻悟,饿乡去也,
饿乡将无涯。[10]

"饿乡",典出清人管同《饿乡记》。文中写道:

凡欲至者,必先屏去食饮,如导引辟谷者然。始极苦,不可耐;强前行,多者不十日已可至;至则豁然开朗,如别有天地。省经营,绝思虑,不待奔走干谒,而子女之呼号,妻妾之交谪,人世讥骂笑侮、轻薄揶揄之态,无至吾前者,徜然自适而已。

这个典故昭示着,赴俄对于瞿秋白来说,意味着一个挣脱世俗羁绊追求自我解放的尝试。他在书的开头不久,这样交代道:

我要求改变环境:去发展个性,求一个"中国问题"的相当解决——略尽一分引导中国社会新生路的责任。"将来"里的生命,"生命"里的将来,使我不得不忍耐"现在"的隐痛,含泪暂别我的旧社会。我所以决定到

第　　四

瞿秋白像

瞿秋白、杨之华夫妇

俄国去走一走。[11]

越是快到目的地的时候,瞿秋白越是难掩激动之情。他写道:

> 启程了,启程了!向着红光里去!苏维埃俄国,是二十世纪世界第一个社会主义共和国……行民主主义制度而执政党是共产党——布尔塞维克;亦是研究的兴趣盎然。快走了!快走了!快到目的地了!……马克思经济学的社会主义,可以有研究的机会了![12]

瞿秋白的好奇心,是近代以来志士仁人求变心理的集中体现。穷则变,变则通。国内政局江河日下,舆论界成天"推源祸始",结果却治丝益棼。堂堂华夏,出路何在?

随后,瞿秋白亲眼看见了十月革命后的俄国,并因翻译工作需要,有了很多接触马列主义著作的机会。瞿秋白曾对他在俄期间的理论学习有过一段回顾:

> 马克思主义所谓辩证法——使我很觉得有趣。我大致了解了这问题,就搁下了,专心去研究俄文,至少有大半年,我没有功夫去管什么主义不主义。
>
> 后来莫斯科东方大学要我当翻译,才没有办法又打起精神去看那一些书。谁知越到后来就越没有功夫继

续研究文学，不久就喧宾夺主了。

但是，我第一次在俄国不过两年，真正用功研究马克思主义的常识不过半年，这是随着东大课程上的需要看一些书，明天要译经济学上的那一段，今天晚上先看过一道，作为预备，其他唯物史观哲学等等也是如此，这绝不是有系统的研究。至于第二次我到俄国（一九二八——一九三〇），那是当着共产党的代表，每天开会解决问题，忙个不了，更没有功夫做有统系的学术上的研究。

马克思主义上的主要部分：唯物论的哲学，唯物史观——阶级斗争的理论，以及经济政治学，我都没有系统的研究过。《资本论》——我就根本没有读过，尤其对于经济学我没有兴趣。我的一点马克思主义理论的常识，差不多都是从报章杂志上的零星论文和列宁几本小册子上得来的。

可是，在一九二三年的中国，研究马克思主义以至一般社会科学的人，还少得很；因此，仅仅因此，我担任了上海大学社会学系教授之后，就逐渐的偷到所谓“马克思主义的理论家”的虚名。其实，我对这些学问，的确只知道一点皮毛。当时我只是根据几本外国文的书籍转译一下，编了一些讲义。现在看起来，是十分幼稚，错误百出的东西。现在已经有许多新进的青年，许多比较有系统的研究了马克思主义的学者——而且国际的马克思主义的学术水平也提高了许多。[13]

瞿秋白的说法反映了一定史实，但也不无自谦之处。曹靖华便评论说：

> 在翻译上，秋白是一位天才的高手，他能把艰涩深奥的哲学论著译得“细腻、委婉、动人”。马列主义的文艺理论，通过他的生花妙笔，得以在中国读者中生根开花。鲁迅先生曾赞誉他的译笔“信而且达，并世无两”，慨叹于他的被害“在文化上的损失，真是无可比喻”。[14]

曹靖华是俄国文学翻译家，他的评论当十分中肯。

瞿秋白的这段回顾出自《多余的话》，是其 1935 年临刑前写下的著名文字。文中提到的系统研究过马克思主义的“许多新进的青年”，象征着像瞿秋白这样的先驱者从苏俄带来的革命火种，已经越烧越旺，不可复遏。从上海大学出发留苏归来的革命青年，不断走上革命工作岗位，他们中的不少人，也像他们的老师瞿秋白一样，为革命献出宝贵的生命。

（二）龙大道

龙大道，原名康庄，贵州人。其父苗族，其母侗族，龙大

第　四

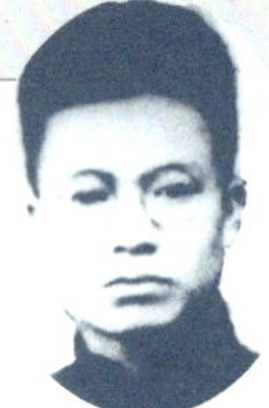

龙大道像

淞沪警备司令部

上海龙华烈士陵园

道跟随母亲自称侗族人。1922年龙大道考入上海大学，在瞿秋白等人的熏陶下，学习了马克思主义理论。次年11月，在施存统的推荐下加入中国共产党，其后更名为大道，以示找到共产主义的光明大道。1924年9月，龙大道在党组织安排下赴苏留学。

1925年五卅运动爆发后，龙大道中断学业，重返上海，到上海总工会曹家渡办事处任职，参与工人运动。1926年9月，调任上海总工会组织部干事，负责上海工人纠察队的秘密组织和训练工作。此后参加了1926年秋至1927年春的上海三次工人武装起义。在第二次起义前，中共上海区委全体委员会议选出上海总工会主席团，龙大道成为四位主席团成员之一。同时，他还与赵世炎、汪寿华、李震瀛等九人担任新的上海职工委员会常务委员会委员。第三次工人武装起义取得成功后，上海总工会召开第一次执行委员会议，龙大道被任命为经济斗争部部长，并与汪寿华等七人组成上海总工会常务委员会。

四一二反革命政变发生后，南京国民党中央和国民党淞沪警备司令部先后发布通缉令，缉捕共产党人及跨党分子。龙大道在组织安排下从上海转移，前往武汉。4月27日，中国共产党第五次代表大会在武汉举行，龙大道以上海代表身份出席了会议。其后，他又率领上海工人代表团在汉口出席了中国第四次全国劳动大会，会后奉命留在武汉全国总工会和湖北省总工会从事工人运动。不久后，龙大道在与地下交通员接头时遭到敌人逮捕。在庭审中，龙大道坚称自己是木材商人。庆幸的是，龙大道很快摆脱牢狱之灾。一天，乘着狱警放松警惕之际，他和几十个狱友一起悄悄移开监狱后墙的石块，越狱成功。

1930年初，龙大道奉命回上海，担任上海总工会秘书长，秘密组织工运活动。1931年1月17日，由于叛徒的出卖，龙大道在上海中山旅社被捕。2月7日，龙大道在龙华英勇就义。一道牺牲的还有林育南、胡也频等二十三位烈士，他们就是著名的“龙华二十四烈士”。

在武汉狱中，龙大道面对前来探望的妻子，曾吟诗一首表达其毫不动摇的革命信念，其诗曰：“身在牢房志更强，抛头碎骨气昂扬。乌云总有一日散，共产东方出太阳。”[15] 诗中充盈着革命者身上常见的革命乐观主义，相信乌云总有被太阳驱散的一天。

（三）罗石冰

在“龙华二十四烈士”中，还有一个人也是从上海大学赴苏留学后归国参加革命的，他就是罗石冰。罗石冰，又名石彬、菁华、庆元，号子实，1896年出生于江西吉安一个商人家庭。他自幼任侠，仰慕除暴安良的英雄豪杰，同情底层贫苦农民，充满了抗争精神。在江西省立一师毕业后，罗石冰回到家乡吉安，在县立高等小学教书，结识了同事刘九峰。

上海总工会遗址

在校期间,他先后组织三次学潮,与官僚势力抗争。1923 年冬天,刘九峰从上海来信告知上海大学招生消息,罗石冰遂于次年春考入上海大学社会学系。

罗石冰进校不久即加入中国共产党,其后被党组织派往沪西小沙渡地区开展工人运动。1925 年,小沙渡日本内外棉纱厂近万名工人发动罢工,罗石冰即参与其中。五卅运动爆发后,罗石冰到上海总工会任会计科副主任。8 月 22 日,数十个流氓打手冲进上海总工会办公室,扬言“踏平上总”。罗石冰等八名总工会工作人员奋起抵抗,但是寡不敌众,罗石冰被殴打至重伤倒地。闻讯前来营救的工人群众见他倒在血泊之中，赶紧送医抢救。暴力事件发生后，上海总工会、上海工商学联合会、上海店员联合会分别通电全国抗议暴行，呼吁严惩凶手。

1926年初，罗石冰回吉安发展党团组织。1927年，罗石冰参加八一南昌起义。不久起义部队在广东潮汕地区的战役中失利，罗石冰被俘，随后在当地一位老农的帮助下，化装成打柴农民模样成功脱身。1928年，罗石冰赴苏联学习，两年后归国，被派往青岛担任市委书记。1931年1月，罗石冰到上海开会，被捕于上海东方旅社，次月即与龙大道等人一同英勇就义。

罗石冰生前曾在日记中作诗一首：

> 非求荣华非书痴，为求解放甘吃苦。
> 革命总有胜利日，祖国处处黄金屋。[16]

结合罗石冰的一生来看，这首朴素的诗歌中字字透露着真情实感。就像龙大道在诗中相信太阳总能驱散乌云一样，罗石冰对革命胜利日的到来也有坚定的信念。

（四）崔小立

早期中共革命的一个极为重要的工作是宣传。在上海大学的革命青年当中，就活跃着一些笔杆子。比如秦邦宪，

燈蛾　崔小立

你是光明底崇拜者，
可是你又是盲從底犧牲者！

小詩　崔小立

寫不下的筆兒，
看不明的書兒，
坐不下的椅兒，
只繞着默默無語的燈兒旋轉呵！

崔小立的诗

中華民國十四年六月十五日　上大五卅特刊　（第一期）

上大五卅特刊

上海大學學生會編輯

第一期

售銅元一枚

發刊辭

五卅大流血的動因

《上大五卅特刊》

他在进入上海大学就读之前即热衷于办刊活动,因为表现突出被送往莫斯科留学,归国后迅速成长为党的重要领导人之一。崔小立则是另外一个例子。

崔小立,浙江人。1916年考入宁波师范讲习所。毕业后在家乡小学任教,其间阅读了大量进步书刊,初步接触了马克思主义。与友人崔真吾创办"樟溪学社",编印油印版刊物《新樟村》,宣传进步思想。1924年,崔小立考入上海大学社会学系,进一步学习了马克思主义的相关理论。这年11月,上海大学成立浙江同乡会,崔小立以过人的学识被推举为学术研究委员。1925年春,上海大学演说练习会改选,他又被推举担任记录员。11月,中共领导下的上海大学中山主义研究会宣告成立,崔小立与高尔柏等5人被推举为执行委员。这期间,瞿秋白、恽代英、萧楚女等上海大学教师的演讲稿,经常由他和秦邦宪、马凌山等进行记录整理。

1925年5月,崔小立加入中国共产党。在稍后的五卅运动中,上海大学出版《上大五卅特刊》,崔小立成为主要撰稿人之一。在该刊的第一期,他发表《我们应当怎样运用五卅事件?》一文,为五卅运动建言献策。其后上海大学学生联合会又创办《血潮日刊》,崔小立连续刊发文章,以辛辣的笔触揭示帝国主义的罪恶。

1926年,崔小立被派往莫斯科中山大学留学,1928年春回国,化名邵林书,在杭州、上海开展地下工作。同年秋,和沙孟海等人在杭州开设"我等书店",作为浙江省委的地下联络机关,并担任负责人。这年12月,联络机关遭到破坏,随即被捕系狱八年。1936年获释之后,在浙江、江西等地宣传抗日和打游击战,1941年被国民党残害。

(五)糜文浩

糜文浩,江苏无锡人,农民出身,家境贫寒。高小毕业后,糜文浩考入江苏省立苏州工专,攻读应用化学科。五四运动期间,他也和很多爱国青年一样投入街头抗议活动。五四运动过后,因无力缴纳学费而辍学回乡当小学教员。1922年,糜文浩来到上海求职,次年在郑振铎介绍下进入商务印书馆。商务印书馆此时也是进步知识分子麇集之地,糜文浩受此熏陶开始广泛阅读《向导》《新青年》和《中国青年》等进步刊物,由此接受了马克思主义。1923年秋党组织安排糜文浩到上海大学社会学系学习。在这期间,他成为上海大学中国孤星社最活跃的成员之一,他们创办《孤星》杂志,讨论社会问题,研究社会改造。

1924年,糜文浩加入中国共产党,并被党组织派往莫斯科东方大学学习。1925年秋冬之交,糜文浩结束在东方大学一年的学业,重返上海参加革命工作。在1927年上海第三次工人武装起义中,他奉命负责武装起义的后勤工作,负责工人纠察队的武器弹药和军事物资的筹集和供应,出色地完成了任务。起义时,他走上前线,接受枪林弹雨的考验。

睁眼看世界　赴苏

第　　四

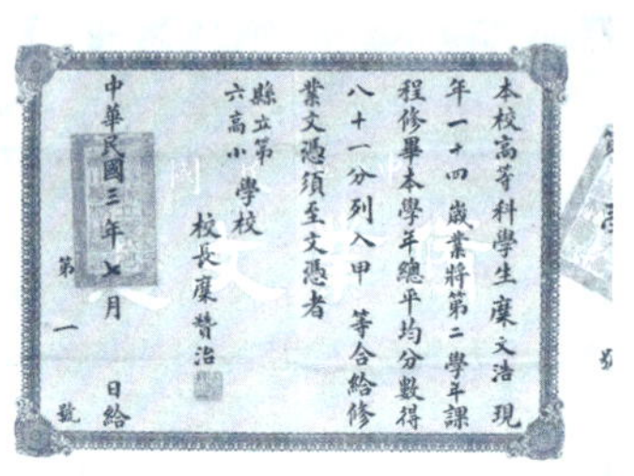

本校高等科學生糜文浩現
年一十四歲業將第二學年課
程修畢本學年總平均分數得
八十一分列入甲　等合給修
業文憑須至文憑者
縣立第
六高小　學校
校長糜贊浩
中華民國三年　月　日給
第　一　號

糜文浩中学文凭

糜文浩、王采贞夫妇

起义成功后，糜文浩被调到上海总工会的机关报《平民日报》，从事编辑和发行工作。四一二反革命政变发生的第二天，《平民日报》即遭到国民党封杀。党组织不甘心失去这块工人阶级的舆论阵地，决定将《平民日报》更名为《青天白日报》秘密发行。糜文浩临危受命，重整旗鼓，负责这项出版工作。

1927 年 5 月 8 日，糜文浩在公共租界威海卫路崇德里 343 号王家印刷所校验稿件时，被预先埋伏在此处的英国巡捕逮捕，翌日被引渡给国民党的军法处。在严刑拷打下，他坚贞不屈，坚守了党的秘密。5 月 11 日下午，糜文浩被绑赴上海枫林桥刑场，从容就义。临刑前，他托付狱中难友说："我妻若生男，取名枫林，若生女，取名飘云，要继承我的遗志。"

糜文浩的妻子叫王采贞，两人是一对革命伴侣。在听到糜文浩被捕的消息后，王采贞急忙赶往静安寺巡捕房，不顾警察的拦阻，冒死冲进去。王采贞看到了糜文浩，糜文浩也看到了她，然后高喊"贞妹，贞妹"。巡捕不允许他们讲话，一边说"政治犯不许谈话"，一边把她推出大门。[17] 糜文浩牺牲不久，王采贞即于 6 月 18 日在娘家产下一男，遵从糜文浩遗志，取名枫林。1944 年底，糜枫林的大伯糜文荣来信叫他去重庆工作。临行前，母子二人合影一张，王采贞准备让枫林拿到重庆去找糜文浩的老领导。糜枫林行至衡阳，便因霍乱离世。

第　四

商务印书馆内景

1932 年《东方画报》第 29 卷刊载的商务印书馆照片

上海第三次工人武装起义街景

上海第三次工人武装起义胜利后的街头欢庆

值得一提的是，糜文浩英勇就义不久，党组织决定将《青天白日报》从第 70 期起更名为《满江红》。《满江红》第一期的头版头条，赫然刊登着纪念糜文浩的文章。

第 四

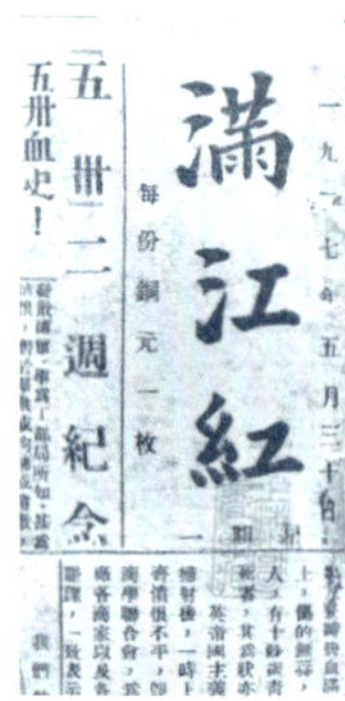

一九二七年五月三十日

滿江紅

每份銅元一枚

「五卅」二週紀念

五卅血史！

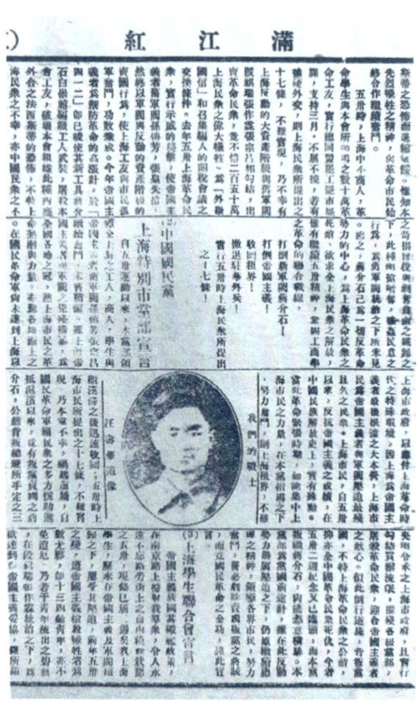

滿江紅

中國國民黨上海特別市黨部宣言

汪壽華遺像

我們的戰士

上海學生聯合會宣言

报纸《满江红》

注释

1. 中国革命博物馆编:《老一辈革命家书信选》,湖南人民出版社 1984 年版,第 53 页。
2. 《郑超麟回忆录》上册,东方出版社 2004 年版,第 206 页。
3. 中国革命博物馆编:《老一辈革命家书信选》,湖南人民出版社 1984 年版,第 55 页。
4. 《杨尚昆回忆录》,中央文献出版社 2001 年版,第 15 页。
5. 《杨尚昆回忆录》,中央文献出版社 2001 年版,第 18 页。
6. 《杨尚昆回忆录》,中央文献出版社 2001 年版,第 20 页。
7. 黄美真等编:《上海大学史料》,复旦大学出版社 1984 年版,第 15 页。
8. 黄美真等编:《上海大学史料》,复旦大学出版社 1984 年版,第 181 页。
9. 陈伯达:《我们继续历史的事业前进——为纪念中国共产党成立十七周年而作》,《解放》1938 年第 43—44 期,第 77 页。
10. 《瞿秋白文学精品选》,现代出版社 2017 年版,第 173—174 页。
11. 《瞿秋白文学精品选》,现代出版社 2017 年版,第 174—175 页。
12. 《瞿秋白文学精品选》,现代出版社 2017 年版,第 208 页。
13. 瞿秋白:《多余的话》,中国友谊出版公司 2014 年版,第 17—18 页。
14. 卢氏县地方史志办公室编,李啸东编著:《卢氏有个曹靖华》,河南人民出版社 2010 年版,第 167 页。
15. 萧三主编:《革命烈士诗抄》,中国青年出版社 2015 年版,第 329 页。
16. 李永贵主编:《龙华碑苑》,红旗出版社 1997 年版,第 100 页。
17. 吴光华、谢乃奇:《访糜文浩烈士夫人王采贞》,中国人民政治协商会议江苏省无锡市委员会文史资料研究委员会编:《无锡县文史资料》第 7 辑,第 52 页。

结

语

上海是中国共产党的诞生地。20世纪以来上海政治地位提升,国内各地特别是江浙一带的士人和知识分子汇聚于此,对近代中国政治产生影响。十月革命之后,尤其是五四运动之后,上海知识界对社会主义的兴趣空前激发。

维经斯基来华即意在了解五四运动后中国革命运动发展的情况。维经斯基在北京、上海曾会见知识界的各方人士,但最终各行其道。陈独秀作为五四运动的“总司令”,自然会成为其拜会对象。双方在政见上的一拍即合是互相选择的结果。进而言之,陈独秀在建党前曾广泛联络志同道合的朋友,如与李大钊“相约建党”,成就“南陈北李”的佳话,促进了中国共产党的星火初燃。

中共建党之初与苏俄较大的交集莫过于上海外国语学社组织的赴俄留学。这一留学活动在中共党史上具有特殊政治意义。关于外国语学社的记载多见于后人的回忆性文字,其中很多细节都存在分歧。将这些文字进行比勘分析,可以排除诸多错误认知,并大体勾勒其教学活动。

结

外国语学社学员,在留学归国后大多投入革命工作中,不少人成长为革命领导者。但这些革命者的革命生涯和人生命运各不相同。有刘少奇、任弼时、萧劲光等迈入新中国的领导干部,也有罗亦农等为革命壮烈牺牲的烈士,还有陈为人等因从事档案保护工作而英年早逝的幕后英雄。他们从上海走出国门,回国革命后也大多在上海参与过革命工作。其中陈为人、罗亦农等人永远留在这片土地上。

外国语学社的赴俄活动与国内思想界对俄国十月革命的憧憬直接相关,毛泽东和蔡和森等都提到过赴俄设想,学员更是满怀向往,不仅将其视为自身出路,也隐约期待着从苏俄寻找救国的良方。但当时国内舆论对十月革命的态度颇有争议,支持和反对的声音相混杂。学员赴俄旅程也一波三折,险象环生。

国共两党合办的上海大学被视为革命大本营。从苏俄游历留学回来的瞿秋白、蒋光慈、张太雷、郑超麟等人加入上海大学,而王稼祥、秦邦宪、杨尚昆等更多学生又循着师长的踪迹进入苏俄。上海大学作为中共早期革命最集中的活动平台,其与苏俄密切的人员交往,直观反映了当时苏俄对中共革命的影响。校内聚集的这样一群志同道合的革命师生,赋予上海大学独特的校园文化。他们相互砥砺,为中国革命前仆后继,付出巨大牺牲。

总之,从外国语学社到上海大学,上海与苏俄的这一联结,充分证明了它在中共早期革命中的独特历史地位。这些从上海出发追寻梦想的热血青年,不仅找到了自身的出路,也开启了国家的前程。

参考文献

一、近代报纸、杂志

《晨报副刊》。

《政治周报》。

《东方杂志》。

《民国日报》。

《社会新闻》。

《申报》。

《向导》。

《新青年》。

《星期评论》。

《中国青年》。

《大公报》。

《人声》。

二、专著

《20 世纪 20 年代的上海大学》,上海大学出版社 2014 年版。

《中国现代文学名著文库》编委会编:《朱自清文集》,大众文艺出版社 2007 版。

《陈独秀文集》,人民出版社 2013 年版。

陈绍康:《上海共产主义小组》,知识出版社 1988 年版。

[苏]C.A. 达林:《中国回忆录(1921—1927)》,中国社会科学出版社 1981 年版。

段云章、倪俊明编:《陈炯明集》,中山大学出版社 1998 年版。

中共中央党史和文献研究院:《中国共产党的一百年》,中共党史出版社 2022 年版。

参 考

《胡适全集》,安徽教育出版社 2003 年版。
《蒋光慈文集》,上海文艺出版社 1985 年版。
金冲及:《刘少奇传》,中央文献出版社 1998 年版。
李啸东编著:《卢氏有个曹靖华》,河南人民出版社 2010 年版。
李玉贞编译:《鲍罗廷在中国的有关资料》,中国社会科学出版社 1983 年版。
《梁启超全集》,中国人民大学出版社 2018 年版。
《毛泽东选集》,人民出版社 1991 年版。
清华大学中共党史教研组编:《赴法勤工俭学运动史料》,北京出版社 1980 年版。
《瞿秋白文集》,人民出版社 1988 年版。
商务印书馆编译所:《上海指南》,商务印书馆 1923 年版。
师哲:《在巨人身边:师哲回忆录》,中央文献出版社 1991 年版。
孙耀文:《风雨五载——莫斯科中山大学始末》,中央编译出版社 1996 年版。
唐文权、桑兵编:《戴季陶集》,华中师范大学出版社 2010 年版。
《吴稚晖全集》,九州出版社 2013 年版。
《萧劲光回忆录》,解放军出版社 1987 年版。
熊月之主编:《上海通史》,上海人民出版社 1999 年版。
徐泽浩编:《王稼祥年谱》,中央文献出版社 2001 年版。
《杨尚昆回忆录》,中央文献出版社 2001 年版。
《恽代英文集》,人民出版社 1984 年版。
张国焘:《我的回忆》,东方出版社 1991 年版。
张泽宇:《留苏与革命——20 世纪 20 年代留苏热潮》,人民出版社 2009 年版。
《章士钊全集》,文汇出版社 2000 年版。
《郑超麟回忆录》上册,东方出版社 2004 年版。
知识出版社编:《一大回忆录》,知识出版社 1980 年版。
中共上海市委党史研究室、中国社会主义青年团中央机关旧址纪念馆编:《觉悟渔阳里》,上海人民出版社 2017 年版。
中共上海市委党史研究室编:《上海党史资料汇编》,上海书店出版社 2018 年版。
中共中央党史资料征集委员会编:《共产主义小组》,中共党史资料出版社 1987 年版。

文　　献

中共中央文献研究室、中共湖南省委《毛泽东早期文稿》编辑组编:《毛泽东早期文稿》,湖南人民出版社 2013 年版。
中共中央文献研究室编:《毛泽东文集》,人民出版社 1996 年版。
中共中央文献研究室编:《刘少奇年谱》,中央文献出版社 1998 年版。
中国人民政治协商会议新昌县委员会文史资料工作委员会编:《新昌文史资料》第 4 辑,1988 年版。
中国社会科学院现代史研究室、中国革命博物馆党史研究室编:《一大前后:中国共产党第一次代表大会资料选编》,人民出版社 1980 年版。
中国社会科学院现代史研究室编译:《维经斯基在中国的有关资料》,中国社会科学出版社 1982 年版。
中国社科院近代史研究所等编:《孙中山全集》,中华书局 2011 年版。
中共中央文献研究室编:《任弼时年谱(1904—1950)》,中央文献出版社 2004 年版。

后记

2020年冬，承蒙熊月之先生信任，成为赴苏卷的作者。最初接到任务时，信心满满，以为凭借这些年在民国史、上海史和中共党史等领域的涉猎，当不在话下。毕竟是科普读物，并不需要花什么时间去做艰深的研究。当时各方商定的交稿时间是2021年春节过后。时间虽然短暂，但并不觉得是什么不可完成的任务。不曾想一试之后，很快就发现重重困难，结果是书稿一再延期。

遇到的一个棘手问题是书稿的结构问题。最初发给熊先生审阅的结构分为四章，分别是两个渔阳里、“游俄队”、上海大学、从书生到革命家。如此设计，无疑属于专题性质，重点总算比较突出。熊先生很快首肯，并示意要在引言中谈及游俄青年出航时的码头建设与分布、洋行、航线开拓、轮船班次、船票等细节，并尽量在鸟瞰上海的基础上突出虹口。

但在大体搜集完常见资料后，发现这个框架章下如何合理设节，还有不少需要斟酌思考的地方。其中最糟糕的是，发现它的第四部分很难具体展开。当时专门设计此章讲述留俄青年从书生到职业革命家的嬗变,是想突出留学与革命阅历的进步过程。这从全书的逻辑上看,原本是个合理的收束。始于两个渔阳里的相聚,继以苏俄的留学深造,进而发展到上海大学这个更大的革命青年聚集地,最终这群年轻人在血与火的考验下成长为党和国家的领导干部。但问题是,要体现革命青年的成长,就不得不拉长时程,使行文远离题目所标的“赴苏”的原点,变得漫无边际。何况,在前三章中,为了突出革命者人生的厚重,已经时不时谈及相关人物的生平了。因此,经过一番斟酌,最终决定将重心切回到中共建党前后的历史场景,聚焦于新渔阳里6号外国语学社的游俄活动。并鉴于其后不少上海大学师生有留俄经历,时间上做一个适当的延伸。

如果说框架涉及的是写什么,那么写作过程中面临的一个更大的问题是怎么写。尤其一开始,长时间为此举棋不定,无法下笔。具体而言,本书定位为科普性著作。通常提到这类著作,最容易想到的一个特征就是通俗易懂,可读性强。但实际操作起来,相当不易。对于写惯了学术性论文的我来说,这意味着文笔风格的巨大转变。究竟如何定调呢?如果语言浅白化,会不会从通俗滑向俚俗?如果追求活泼有趣,会不会与本书原本严肃的主题不协调?如果是抒情,会不会流于假大空?

书稿搜集到的史料,大多是回忆录性质的文献。回忆,天生的缺陷就是容易失真。比照不同当事人对同一问题的记录，这个现象显示得清清楚楚。屋漏偏逢连夜雨，主题本是围绕赴苏展开，但偏偏外国语学社的北上是分批次进行的，且一路辗转。于是在当事人的回忆中，涉及的时间和人物莫衷一是。例如现在已经非常明确学员们的游俄是发生在 1921 年，但既有人误记成 1920 年，也有人误记成 1922 年。年份尚且如此，具体到月份就更是众说纷纭了。同样，具体批次算法不一，不同批次都是哪些学员，更是几乎成了一笔糊涂账。

遗憾的是，当事人的记忆失真问题，“忠实”地反映到今人的各种论著中。不加考证以讹传讹成为常态。细究之下，到处都是有待确认的史事。所以问题就来了：书稿究竟是以考证的形式呈现，还是省略考证的过程，直接把自己考证的结果端给读者？若以学术考证形式呈现，则书稿的可读性必定大打折扣。而采用直接叙述的形式，不仅显得粗暴武断，而且考证成果很难引起一般读者留意，起不到矫正作用，至于专业知识储备较多的读者则又难免有莫名其妙的感觉。

几经权衡之后，最终决定不惜在叙述流畅性上做些牺牲，尽量对相异的史料做一些比勘对照。一方面，任何一处细节的确认都会耗费时间和精力，这倒是重度拖延症患者们常用常新的好借口。另一方面，书稿所涉史事，恐怕还有太多需要确认的细节，远远超出了我目前的笔力。总之，本书在史事考证方面多少下了一些功夫，但读者还得抱着怀疑一切的态度去对待。

正是因为自知力有不逮,所以书中有不少大段引文。引用原文的好处是,既减少了著者的武断,又增加了史料的原汁原味,使读者更容易产生历史现场感。不过引文难免破坏行文的连贯性。加上考证过程的繁琐性,对读者就很不友好了。顺便插几句不必当真的闲话:孔子说言之无文,行而不远。可是孟子也说不以文害辞,不以辞害志。如果把二者的话放在一起来看岂不恰好圆满:一方面作者要尽量把文章写得漂亮些,一方面读者也得努力去捕捉文章里的信息。

还有一个问题需要说明,丛书由虹口区地方志办公室发起,初衷是要突出虹口一隅与赴苏史事的交集。但由于人物活动往往并非固定于一地,且许多活动在文献中未曾标注空间,考察下来,遇到种种难题。

不过,至少有一点可以确认,上海虹口在早期中共革命史上是个独特的存在。这不仅是因为它的沿江码头联通了整个世界,也因为它的陆地部分是厂房林立的工业区。1919年,《申报》的一则新闻即提到上海"虹口杨树浦一带工厂林立"。引用这条史料,是想提示,虹口发达的工业与早期中共革命逻辑中对产业工人的看重若合符节。这也就不难理解为什么第一个工会出自杨树浦。彼时中共一大尚未召开,换句话说,中国共产党还未正式成立。同样,外国语学社的学员们也还未放洋,便已经有机会在上海进行初步的工人运动实践。这里边蕴含的象征意味,并不比一座码头或一条商船少。

最后,感谢熊月之先生的意见和建议,感谢虹口区地方志办公室的信任与支持,也感谢学林出版社的宽容,拖延症患者自带轻诺寡信属性,请务必见谅!其实,向出版社交差易,向读者交差难。史事复杂,识见有限,错讹之处必然不在少数,还盼多多指正!

杨雄威

2023 年 12 月

图书在版编目（CIP）数据

赴苏 / 杨雄威著 . —上海 : 学林出版社，2023
（爱上北外滩 / 熊月之主编 . 睁眼看世界）
ISBN 978-7-5486-1973-4

Ⅰ. ① 赴… Ⅱ. ①杨… Ⅲ. ①留学教育—教育史—中国—近代 Ⅳ. ① G649.295

中国国家版本馆 CIP 数据核字（2023）第 202704 号

责任编辑 胡雅君 陈天慧
特约审读 完颜绍元 茅伯科 陆秉熙
整体设计 姜 明

爱上北外滩 · 睁眼看世界
赴苏
熊月之 主编
杨雄威 著

出 版 学林出版社
（201101 上海市闵行区号景路 159 弄 C 座）
发 行 上海人民出版社发行中心
（201101 上海市闵行区号景路 159 弄 C 座）
印 刷 上海颛辉印刷厂有限公司
开 本 890 × 1240 1/32
印 张 6.75
字 数 16 万
版 次 2024 年 2 月第 1 版
印 次 2024 年 9 月第 2 次印刷
ISBN 978-7-5486-1973-4/K · 240
定 价 58.00 元